周冶 著

上阳子陈致虚生平及思想研究

儒道释博士论文丛书

巴蜀书社

《儒道释博士论文丛书》编委会

《儒道释博士论文丛书》由上海城隍庙和北京东岳庙资助出版

《儒道释博士论文丛书》缘起

国家“985 工程”四川大学宗教、哲学与
社会研究创新基地首席科学家
《儒道释博士论文丛书》
编委会主编　卿希泰

儒道释是中华民族传统文化的三大支柱，源远流长，内容丰富，影响深远，它对中华民族的共同心理、共同感情和强大凝聚力的形成与发展，均起了极其重要的作用，是我们几千年来战胜一切困难、经过无数险阻、始终立于不败之地的精神武器，在今天仍然显示着它的强大生命力，并在新的世纪里，焕发出更加灿烂的光彩。

自从 1978 年中国共产党第十一届三中全会确立改革开放路线以来，我国对儒道释传统文化的研究工作，也有了很大的发展，在全国各地设立了许多博士点，使年轻的研究人才的培养工作走上了有计划有组织地进行的轨道，一批又一批的博士毕业生正在茁壮成长，他们是我国传统文化研究方面的一支强大的新生

力量，是有关各学科未来的学术带头人。他们的博士学位论文有一部分在出版之后，已在国内外的同行学者中受到了关注，产生了很好的影响。但因种种原因，学术著作的出版甚难，尤其是中青年学者的学术著作出版更难。因此还有相当多的博士学位论文难以及时发表。不及时解决这一难题，不仅对中青年学者的成长不利，且对弘扬中华优秀传统文化，促进学术交流也不利。我们有志于解决此一难题久矣，始终均以各种原因未能如愿。直到1999年，经与香港圆玄学院商议，喜得该院慨然允诺捐资赞助出版《儒道释博士论文丛书》，当年即出版了第一批共5本博士学位论文。此后的10余年间，在圆玄学院的鼎力支持及丛书编委会同仁的共同努力下，一批又一批优秀的博士学位论文通过这个平台展现在世人面前，到2013年，已出版了15批共130部；这些论著的作者，有很多已经成长为教授、博士生导师。2014年，圆玄学院因自身经济方面的原因，停止资助本丛书，我们深感遗憾，同时也对该院过往的付出与支持致以敬意和感谢！

令人欣慰的是，当陈耀庭教授得知本丛书陷入困境的消息后，即与上海城隍庙商议，上海城隍庙决定慷慨施以援手。2015年，慈氏文教基金有限公司董事长王联章先生也发心资助本丛书。学术薪火代代相传，施善之士前赴后继。在党中央弘扬中华民族优秀传统文化的英明决策指引下，本丛书必然会越办越好，产生它的深远影响。

本丛书面向全国（包括港澳台地区）征稿。凡是以研究儒、道、释为内容的博士学位论文，皆属本丛书的出版范围，均可向本丛书的编委会提出出版申请。

本丛书的编委会是由各有关专家组成，负责审定申请者的博士学位论文的入选工作。我们掌握的入选条件是：(1) 对有关学科带前沿性的重大问题做出创造性研究的；(2) 在前人研究的基础上有新的重大突破、得出新的科学结论从而推动了本学科向前发展的；(3) 开拓了新的研究领域、对学科建设具有较大贡献的。凡具备其中的任何一条，均可入选。但我们对入选论文还有一个最基本的共同要求，这就是文章观点的取得和论证，都须有科学的依据，应在充分占有第一手原始资料的基础上进行，并详细注明这些资料的来源和出处，做到持之有故、言之成理，避免夸夸其谈、华而不实。我们提出这个最基本的共同要求，其目的乃是期望通过本丛书的出版工作，在年轻学者中倡导一种实事求是地、一步一个脚印地进行学术研究的严谨学风。

由于编委会学识水平有限和经验与人力的不足，难免会有这样或那样的失误，恳切希望能够得到全国各有关博士点和博士导师以及博士研究生们的大力支持和帮助，对我们的工作提出批评和建议，加强联系和合作，给我们推荐和投寄好的书稿，让我们一道为搞好《儒道释博士论文丛书》的出版工作、为繁荣祖国的学术文化事业而共同努力。

2015年10月1日于四川大学宗教、哲学
与社会研究创新基地，道教与宗教文化研究所

编委会按：2017年，慈氏文教基金有限公司因自身原因中止资助，其资助金额由北京东岳庙管委会慷慨承担，谨此致谢。

目　录

绪　论

上阳子陈致虚（1290—?）是元代中后期著名的内丹家。他于江西庐陵紫霄观簪戴出家，后遇师得授阴阳双修内丹法诀，从此笃志于发扬金丹大道。他游历了江南大部分地区，西至四川、贵州，东到江苏，北履湖北、湖南，南临广东，授徒百余人。在亲授徒裔的同时，他还致力于著书立说。在同时期的内丹家里面，其著作是比较多的，现存于《道藏》《藏外道书》的共有四种：《金丹大要》[①]、《元始无量度人上品妙经注解》（后文简称《度人经注》）、《紫阳真人悟真篇三注》（后文简称《悟真篇三注》）、《周易参同契分章注》（后文简称《参同契注》）。在他的著述中，保存了关于元代中后期江南内丹道派发展情况的宝贵资料，反映了内丹南北二宗在元代后期合二为一的轨迹；而且，陈氏著作主要阐发了阴阳双修派的内丹理论。因此，从研究元代道教史和内丹理论特别是阴阳双修派的内丹理论两个角度来说，对

① 《金丹大要》，本书取《道书全集》（中国书店，1990 年）本。至于原因，后文详辨，此不赘述。下文所引《道书全集》同为此版，只注明书名、页码。

陈致虚作全面深入的个案研究都具有相当大的意义。

一 研究现状

基于对这种重要性的认识，当今道教学界也对陈致虚给予了一定程度的关注，许多专著和论文都从不同角度有所涉及，这些成果为本书的写作提供了强大支持。比如说，陈国符先生早在1942年就与美国麻省理工学院的戴维斯（Tenney L. Davis）合作发表了《介绍陈致虚的〈金丹大要〉》[①] 一文。道教历史方面的著作，如任继愈主编的《中国道教史》[②]、卿希泰主编《中国道教史》[③] 第三卷，主要对陈致虚建立南北合宗谱系的贡献作了考察。王沐的《悟真篇浅解（外三种）》[④] 附录二《悟真篇丹法源流》、朱越利的《金丹派南宗形成考论》[⑤] 把陈致虚一系作为《悟真篇》丹法与全真道丹法合流的代表来讲，主要据《金丹大要》考察了其承传谱系。李远国的《道教气功养生学》[⑥] 辟专节介绍了陈致虚融贯南北二宗的金丹学说。郝勤的《龙虎丹道——道教内丹术》[⑦] 亦将之作为阴阳双修丹法的重要代表人物进

---

① 笔者未见该文，据《道教科学思想发凡》附录《道教与科技研究百年回顾与展望》，该文载于《亚洲研究杂志》。参见盖建民：《道教科学思想发凡》，社会科学文献出版社，2005年，第498页。从题目来看，该文应该是一篇简介性文字。

② 任继愈主编：《中国道教史》，中国社会科学出版社，2001年。

③ 卿希泰主编：《中国道教史》（修订本），四川人民出版社，1996年。

④ 王沐浅解：《悟真篇浅解（外三种）》，中华书局，1990年。

⑤ 朱越利：《金丹派南宗形成考论》，载詹石窗主编：《道韵》第六辑《金丹派南宗（乙）》，台湾中华大道出版部，2000年。

⑥ 李远国：《道教气功养生学》，四川省社会科学院出版社，1988年。

⑦ 郝勤：《龙虎丹道——道教内丹术》，四川人民出版社，1994年。

行了考察。何乃川、詹石窗《论陈致虚的积功累行诗》[1]一文，撷取《金丹大要》中的诗文做专门研究，从思想旨趣和艺术蕴含方面进行审视，力图从文学的视角发掘其丹道养生内容。章伟文《试论陈致虚的道教易学思想》[2]一文，主要根据《参同契注》，对陈致虚借易道以论修丹的思想进行了总结与研述。曾传辉《元代参同学——以俞琰、陈致虚为例》[3]，如其题目所示，以陈致虚为论述的一个中心，在略考陈氏生平之外，将《参同契注》划分为仙性论、先天一炁论、顺逆论、药物火候论、化升论五个部分进行了研究。朱越利《惠能与禅丹——以〈上阳子金丹大要〉为据》[4]一文，提出了“禅丹”的新概念，对《金丹大要》中陈致虚牵合内丹与禅学的言论进行了探讨，并通过比对佛教文献，指出陈致虚对惠能传记进行了修改。此外，各种道教工具书也多介绍了陈致虚及其著作，甚至也介绍了与其有关的人物（师承、徒裔），但限于工具书的体例，都比较简略。

总的来看，关于陈致虚的研究成果还显得比较少。而且，已有研究成果或者为宏大叙事，其焦点并不在陈致虚个人；或者聚焦于陈致虚思想的某个方面，不求对陈氏有一个整体的把握。也就是说，学界对陈致虚其人及其思想尚缺乏专门、系统的研究，这正是本书写作的动因。

从已有研究成果来看，至少为继续研究陈致虚留下了如下空

---

① 何乃川、詹石窗：《论陈致虚的积功累行诗》，载詹石窗主编：《道韵》第五辑《金丹派南宗（甲）》，台湾中华大道出版部，1999 年。

② 章伟文：《试论陈致虚的道教易学思想》，《周易研究》2003 年第 3 期。亦见氏著：《宋元道教易学初探》第四章，巴蜀书社，2005 年。

③ 曾传辉：《元代参同学——以俞琰、陈致虚为例》，宗教文化出版社，2004 年。

④ 朱越利：《惠能与禅丹——以〈上阳子金丹大要〉为据》，《西南民族大学学报》（人文社会科学版）2005 年第 12 期。

间。第一，对于陈致虚及其师承、徒众的生平，以往的研究多承袭旧说，没有进一步挖掘新的材料。只有曾传辉做了一些新的尝试，或许由于其论述的重点并不在此，故没有进一步深入。第二，对于陈致虚的丹道思想，已有成果多限于某部著作，没有对陈氏的四部作品做一个整体的研究。在这个问题上，郝勤先生虽涉及宽泛一些，但陈致虚毕竟只是其论述的一小部分，故不够详尽。第三，阴阳双修丹法与世俗伦理关系紧张，但学界对此似乎少有涉及。第四，对于陈致虚的“三教一家”思想，虽然朱越利先生的《惠能与禅丹》一文有所论及，但只关涉《金丹大要》中对金丹与禅宗关系的论述。第五，从对陈致虚的整体研究来说，没有意识到其特殊性（即传承阴阳双修丹法）对他的思想行为的影响，或者说这种特殊性在其思想行为中的体现。

二　研究方法

首先，研究宗教问题必须坚持马克思主义的宗教观，坚持实事求是的基本原则。马克思说过：“观念的东西不外是移入人的头脑并在人的头脑中改造过的物质的东西而已。”① 因此，对于宗教这种颠倒的世界观，我们“不应当到虚幻的彼岸，到时间空间以外，到似乎置身于世界的深处或与世界对立的什么‘神’那里去找真理”②。在本书的准备和写作过程中，笔者严格以马

① 《〈资本论〉第一卷第二版跋》，《马克思恩格斯选集》第二卷，人民出版社，1972 年，第 217 页。

② 恩格斯：《英国状况——评托马斯·卡莱尔的〈过去和现在〉》，《马克思恩格斯全集》第一卷，人民出版社，1957 年，第 651 页。

克思主义为指导，力求对历史文献材料和道教内丹理论做实事求是的、客观的分析研究。

其次，采用历史文献学的方法，坚持用材料说话，有多少材料说多少话。道教内丹术是一个实践性很强的领域，很多内丹理论都是依据实际体验而建立。然而，丹法五花八门，实非我等才疏学浅之流能够辨其高下优劣，罔论实践。所以，本书乃从历史文献的角度来研究。对于陈致虚生平的考察，尽量收集存在于其著作内外的有关资料；对于其丹道思想的研究，则尽量从其本人的著述入手，避免旁涉过多，力求准确、完整地介绍陈致虚其人及其丹道思想的相关问题。

第三，借鉴区域社会史研究方法。区域社会史作为传统的宏大叙事的史学的有益补充，其基本的关注点即在于区域本身的特点，正如赵世瑜先生所说："我们往往是用具体领域的研究去印证或者填塞宏大叙事的框架结构，而不是从具体的领域或空间出发，去质疑或者至少是重新思考这个宏大叙事的结构……当然这两种视角并不是截然对立的，也许是能够互补的，但这种基于区域社会的思考会导致对问题的全新认识。正是在这个意义上，我们可以把区域社会史研究理解为一种方法论，因为它的目的并不在于区域或者地方，而在于通史——它体现了一种重写通史的努力。"① 同样，个案研究的目的也不应当是"印证或者填塞"已有的宏大叙事的框架，而是要实事求是地发掘个案自身的特点，以求丰富或者修正宏大叙事。

① 赵世瑜：《小历史与大历史：区域社会史的理念、方法与实践》，三联书店，2006 年，第 3—4 页。

三 本书的创新点

本书在前人相关研究成果的基础上，主要在以下六个方面有所创新：

第一，根据前人揭示的很少量的线索，通过广泛搜集，发掘了较多新材料，借此对陈致虚的道士身份、陈致虚的师承情况和陈致虚的传教活动做了较为详尽的考察。据笔者管见，到目前为止，这是国内外学界对这一系列问题所做的最新的研究。

第二，在细致分析资料的基础上，提出黄房公—陈致虚一系所传丹法为蜀中丹道的假设。虽然还有待更多、更有效的资料来确证，但这种假设对于学界传统认为陈氏或北宗、或南宗、或者兼承南北二宗传法的观点是一个突破。

第三，通过对传记资料的详细比对，揭示了陈致虚“建构”马钰双修形象、假托宋德方为祖师以及“建构”马钰与宋德方的师徒关系等行为，并对之做了比较合理的解释。

第四，对陈致虚的丹道理论基础做了深入浅出的论述，并抓住“阴阳”这条主线对其双修丹功做了系统明晰的梳理与解说。

第五，对陈致虚颇有特点的伦理思想、三教合一思想做了系统的探究。

第六，本书在撰写过程中，始终力求贯彻个案研究的基本原则，即在以往的宏大叙事的基础上，个案研究必须客观地显示出具体个案的特殊性。因此，在本书的结语部分，提出了陈氏对阴阳双修的贡献，也突显了陈氏所有思想、行为的主线，即为阴阳双修谋得一个“合理”“正统”的地位。这是陈致虚个案的独特性所在，也表明了这个个案研究的意义与价值。

四 存在的不足

本书存在的不足主要有以下两个方面：第一，文献材料局限于四川大学图书馆、四川省图书馆的馆藏，其中关于本书所涉地域的资料有限，因此，在当地方志文献中也许还有相关资料可以挖掘；而且，其中一些关键的地域，尚有待实地踏勘。第二，内丹家都十分珍视自己的所得，即使形诸文字也给它掩上重重面纱；而且，陈致虚所宣扬的阴阳双修丹法与世俗伦理不相容，就使得其文义更加隐晦难测，这就制约了对陈致虚思想的理解。因此，本书难免错漏不明之处，尚待今后做进一步的研究。

第一章 陈致虚的生平与著作

陈致虚，字观吾，号上阳子，江右庐陵（今江西吉安）人。其自述生于“上章摄提之季夏”[①]，上章摄提之说乃古代太岁纪年方法。据《尔雅·释天》，上章为庚，摄提格为寅[②]，则其出生于庚寅年六月。然而，仅据此尚不足以确定庚寅为何年。又据《金丹大要》卷五所收《判惑歌》曰：“上阳子，闻道迟，四十衡阳始遇师。”[③] 卷八之《仙派源流》云：“（赵友钦）己巳之秋寓衡阳，以金丹妙道授上阳子。”[④] 这表明己巳年陈致虚学道于赵友钦时，已经四十岁。受道之后两年，陈致虚作《金丹大要》，其自序云：“粤从敬受以来，日夕兢惶，恐辜盟誓，且负所望。……两稔于兹……乃引诸列仙丹经作此《金丹大要》。”[⑤]

---

① 《道书全集》第62页上。
② 黄侃：《黄侃手批白文十三经·尔雅》，上海古籍出版社，1983年，第14页。
③ 《道书全集》第40页下。
④ 《道书全集》第106页上。
⑤ 《道书全集》第7页上。

根据序末题署，知此序作于“至顺辛未（1331）仲秋”[1]。由此上推，则己巳当为元文宗天历二年（1329），而庚寅当为元世祖至元二十七年（1290）。陈氏的卒年不见于当时的文献记载，流传于清末民初的丹经《大成捷要》云：“至元末顺帝至正癸未年（1343），声闻于上。顺帝使命征聘，真人知其国运将终，予（或当为“预”——笔者注）先示化，遁入灵墟而去。”[2] 然此处语涉神异，不可辄信。今考陈氏著述，有明确纪年的最晚的文献是《与东阳子》一篇，其中说：“至正癸未（1343），月届纯阳（四月），（陶唐佐）因东平田君亨父致敬，谒我于鹤儿山（在安徽芜湖）之上，扣我以青城翁之玄。又而候我于湖之廛，复而俟我于江之浒。来之既恳，求之益勤。已而具舟往来乎宣之上下，甚而加礼，试觇乎道之何如。”[3] 经过考察之后，陈致虚方才列盟誓天，授以道妙。而此文之作，更在陶唐佐离开之后，其云：“东阳归也，亨父来言请叙，书此以复之。”[4] 由此观之，1343 年陈氏尚且游历授徒，是否即于当年解化，还需要更多的证据。

---

① 《藏外道书》第 9 册，巴蜀书社，1994 年，第 10 页上。下文所引《藏外道书》同为此版，只注明册数、页码。

② 徐兆仁主编：《东方修道文库 · 悟道真机》，第 158 页，中国人民大学出版社，1990 年。

③ 《道书全集》第 77 页上。

④ 《道书全集》第 78 页下。

第一节 陈致虚身份稽考

研究道教史的学者都知道，有很多被后世目为“名道”“高道”的人物，其实并不是严格意义上的有道籍的道士，比如钟离权、吕洞宾、刘海蟾、张伯端、王重阳、刘玉等等。那么，陈致虚是不是道士呢？这个问题一直以来都被忽略了，仅曾传辉君有一句话论及，其云：“（陈致虚）自书：‘簪晋代之冠。’则证其全真派出家人身份，而非俗家弟子。”[①] 曾君此语虽然简略，但着实提醒笔者意识到这个“问题”。

《晋书·五行志》称：“晋末皆冠小而衣裳博大，风流相放，舆台成俗。”[②]《宋书·五行志》亦云：“晋末皆冠小冠，而衣裳博大，风流相仿，舆台成俗。”[③] 这种在晋代出现并流行的小冠，乃是由平巾帻演变而来，它缩小至头顶，约发而不裹额[④]。小冠的形制可以参考南朝画作《斫琴图》（图一），沈从文先生云：“照形制说，图中策杖高士所着小冠多玉石作成，中空，可纳椎髻，用白玉簪由后贯入把小冠子和发髻固定。”[⑤] 且不论冠与簪的材质为何，由此可以概见小冠的两个基本特征，一是覆于头顶

① 曾传辉：《元代参同学——以俞琰、陈致虚为例》，第 44 页。所引陈致虚语，出自《金丹大要·与心阳子余观古》，《道书全集》第 62 页上。

② 《晋书》卷二十七《五行上》，中华书局，1974 年，第 826 页。

③ 《宋书》卷三十《五行一》，中华书局，1974 年，第 890 页。

④ 参见沈从文编著：《中国古代服饰研究》，上海书店出版社，2005 年，第 6、210 页。

⑤ 沈从文编著：《中国古代服饰研究》，第 205 页。

图一　《斫琴图》局部①

仅纳发髻，二是须用簪固定在发髻上。这与道冠的形制和穿戴方式是完全一致的。据明代《三才图会》称，道冠“其制小，仅可撮其髻，有一簪中贯之”②。道教法服保存了很多衣冠古制，明代朱权《天皇至道太清玉册》有云：“古之衣冠皆黄帝之时衣冠也。自后赵武灵王改为胡服，而中国稍有变者。至隋炀帝东巡使于畋猎，尽为胡服。独道士之衣冠尚存，故曰有黄冠之称。”③

---

① 采自沈从文编著：《中国古代服饰研究》，第205页。

② 王圻、王思义编纂：《三才图会》，上海古籍出版社，1988年，第1505页。

③ 《天皇至道太清玉册》卷六《冠服制度章》，《道藏》，文物出版社、上海书店、天津古籍出版社，1988年，第36册，第413页上。本书所引《道藏》均为此版，以下只注明册数、页码。

小冠虽然不能说是“黄帝之时衣冠”，但经过历代服饰制度变革之后，乃逐渐成为道士专有的冠式，从宋代《清明上河图》中可以清楚地看到这一点（图二）。在陈致虚所处的时代，这种冠式依旧为道教所用，这反映在《金丹大要·仙派源流》给出的刘海蟾、王重阳的绘像中（图三）①。从以上图例也可以看到，虽然冠的具体形状或有不同，但其基本特征却始终未变。因此，“晋代之冠”应当是指代道冠。

图二　《清明上河图》中各色人等服饰图例②

① 如前所述，刘、王二人并非严格意义上的“道士”，那么，何以确定其穿着是标准的道士穿着呢？窃以为，这里存在一个“追溯历史”的问题。刘、王被全真道士尊为宗祖，从这个意义上毫无疑问地获得“正宗”道士的身份。绘像作为文本，正是反映了“追述者”及其时代的观念。

② 采自沈从文编著：《中国古代服饰研究》，第404页。右上角二人为道士，穿戴明显异于其他人。

图三　刘海蟾、王重阳像①

道教不仅吸收和继承了冠的形制，而且还从冠的世俗礼制含义发展出道冠的仙界礼制内涵，并依据道教教理对冠的象征意义做出新的解释②。于是，“簪冠”成为具有丰富道教意涵的出家程式。如北宋贾善翔编集的《太上出家传度仪》云：

> 次顶簪冠，度师持于手中，赞云：汝顶星冠，冠者冠也，一身之上，最处崇高，总括众发，斗星灿烂，岳势巍峨，像列真之朝元，作三洞之妙士。不为臣、妾，盖假于兹。宜其晨夕护持，勿令尘埃染污。如有轻慢，则天曹夺算；念兹在兹，则神仙可冀。
>
> 次令弟子就坐侧长跪，度师与戴冠，云与道合同

---

① 采自《金丹大要》，《道书全集》第103、104页。

② 详细的论述请参见杨莉：《“女冠”刍议：一种宗教、性别与象征的解读》，《汉学研究》2001年第1期。

三遍①。

由此可见，簪冠即意味着“与道合同”，从此超脱凡俗，男不为臣、女不为妾，而归属于神圣之境界，“作三洞之妙士”。因此，以“簪冠”指代入道的用例，在金元时期的碑铭、文集中屡见不鲜。例如，《金莲正宗记》卷二《玉蟾和真人》：“弃妻子而归隐林泉，受簪冠而精研性命。”② 卷三《丹阳马真人》：“遂舍妻子，受簪冠。”③ 卷四《长春丘真人》：“修宫立观，传教度人……受簪冠者半天下，谈道德者匝世间。”④ 卷五《广宁郝真人》：“慕玄风而喜受簪冠。”⑤《甘水仙源录》卷七《洗灯子然先生道行碑铭》云：“其簪冠模范，心迹尘俗者，姑置而勿论。”⑥《悟真集》卷上《自叹》曰：“白发簪冠老道流，一生天赋得优游。”⑦ 同卷《晚年述怀》又曰：“白发簪冠百不宜，日常睡早起还迟。”⑧ 甚至元政府的官方文件亦将簪冠作为道士出家的象征，据《天皇至道太清玉册》记载：“元中统四年(1263)，中书省劄行下诸路行省云：自宋季丧乱，天下初定，礼法未行，其梗化者，独僧道也。考之，僧人以髡首为修行，道士以簪戴为出家。”⑨ 至于陈致虚本人，也是把道冠理解为道士与世人的区隔，作为入道的标志，其云：“世人之所以峨其冠

① 《道藏》第 32 册，第 163 页中下。
② 《道藏》第 3 册，第 351 页下。
③ 《道藏》第 3 册，第 354 页上。
④ 《道藏》第 3 册，第 361 页上。
⑤ 《道藏》第 3 册，第 364 页上。
⑥ 《道藏》第 19 册，第 782 页下。
⑦ 《道藏》第 25 册，第 639 页下。
⑧ 《道藏》第 25 册，第 643 页下。
⑨ 《道藏》第 36 册，第 399 页下。

者，入老氏之门，学老氏之道也。”① 至此，我们可以得出结论：陈致虚是一位真正的出家道士②。

以上从曾传辉君揭示的线索入手，证明了陈氏“簪晋代之冠”，为出家道士。笔者在阅读过程中，还发现了另外一条线索，也可以帮助我们证明这一点。

《金丹大要》卷一《道德经序》云：

> 我师缘督真人，受钟吕王马之的旨，南岳一面，悉拜其授。致虚年甫四十，虽居林泉，癖嗜诗书，尝谓寂灭虚无，其说杳冥漭洸。蒙师一指，芒刺脱然，眼下便见③。

“林泉”一词，本谓山林和泉石，义即“山水”。又借为“朝市”之对，指称隐逸生活。在金元时期，“林泉”与道士生活紧密联系，成为出家修道的代名词。兹略举数例于下④：

王粹《七真赞》之《广宁郝真人》云：“虽出阀阅，独喜林泉。”⑤

王奂《重修太清观记》，记道士乔潜道“天资恬淡纯厚，而

---

① 《道书全集》第56页下。

② 曾传辉据此断定陈致虚为“全真派出家人”，结论似嫌太过。因为在金代以前已有簪冠之说，其非全真道专用甚明。

③ 《道书全集》第11页下。

④ 除已举用例外，据笔者管见，在《道藏》中尚有十余处记载。比如，于道显《离峰老人集》卷上《述怀》、《继雷公韵》，卷下《赠曹道人》、《赠石碣马道人》、《赠中京张孔目》、《寄陈州道友》、《蒲察提控夫人告》；《鸣鹤余音》卷二《满江红》，卷八《江神子》；《悟真集》卷上《答人问闲》；秦志安《金莲正宗记》卷二《玉蟾和真人》；《古楼观紫云衍庆集》卷中李道谦撰《大元宗圣宫主李尊师道行碑》；《清和真人北游语录》李进序；赵道一《仙鉴续编》卷三《李灵阳》；苗善时《纯阳帝君神化妙通纪》卷三《肥遁华峰第八化》，等等。

⑤ 《道藏》第19册，第741页上。

耽林泉之乐”[①]。

于道显《离峰老人集》卷上《示王庵主》云：“仙风只合住林泉。”[②]卷下《示杜道人》云：“道人不解红尘事，隐迹林泉宠辱忘。”[③]

罗霆震《武当纪胜集》之《云竹杖》云：“全身赐紫晦林泉，当国持危是大贤。”[④]

苗善时《纯阳帝君神化妙通纪》卷六《度刘高尚第八十一化》，言刘高尚“弃儒入道，遁迹林泉，逍遥方外”[⑤]。

在《道藏》本《金丹大要》中，“林泉”作“林下”[⑥]，而“林下”一词同样指道士生活。北宋邵雍《首尾吟》即云：“简尺每称林下士，过从或着道家衣。”[⑦]《历世真仙体道通鉴》卷四十八《蓝方》记蓝养素诗云：“近告明君乞得身，不妨林下戴缁巾。”[⑧]

到了金元时期，用例更为常见，举例如下：

龟山长筌子《洞渊集》卷五《二郎神》词曰：“向林下栖迟，养就懒散，烟霞情性。”[⑨]

《历世真仙体道通鉴续编》卷二《刘处玄》记刘师鲁悼刘处玄诗云：“从此谁为林下客，灵虚寂寞锁深春。”[⑩]

---

① 《道藏》第19册，第806页中。
② 《道藏》第32册，第536页上。
③ 《道藏》第32册，第544页中。
④ 《道藏》第19册，第678页下。
⑤ 《道藏》第5册，第725页下。
⑥ 《道藏》第24册，第8页上。
⑦ 《伊川击壤集》卷二十，《道藏》第23册，第584页中。
⑧ 《道藏》第5册，第380页上。
⑨ 《道藏》第23册，第885页中。
⑩ 《道藏》第5册，第425页上。

《茅山志》卷三十二录黄石翁《暮春计筹山中寄句曲山人》云：“筠篮竹杖烟中语，青纸丹书林下诗。”①

于道显《离峰老人集》卷下《赠张副使》：“却归林下伴青山。”②

《道法宗旨图衍义》卷前，章希贤述黄冠空玄子事迹，有云：“遍走名山，归隐林下。”③

王道渊《还真集》卷下《送道士邹秋云归住鳌山》：“铁笛醉吹林下月，玉书飞召洞中龙。”④

陈致虚本人也有这样的用例，《金丹大要》卷六《与九宫山碧阳子车兰谷》有云：“山间林下，或有超然颖脱之器，以生死为一件大事，如我碧阳子者出……若非白日而飞升，亦傍神仙地位而去。”⑤ 碧阳子车兰谷乃九宫山出家道士，山间林下而如其人者，必亦道流矣。在《判惑歌》中，陈氏批评其时道士不知金丹大道，云：“居山林，称道士，不知大道是何事。金丹名也不曾闻，况要教他明生死。”⑥ 可见山林与道士的意义连属。因此，在这样的语言背景下，陈氏自谓“居林泉（林下）”，则必为出家道士无疑。而其自述“虽居林泉（林下），癖嗜诗书，尝谓寂灭虚无，其说杳冥漭洸”，即是说：他虽然身为道士，但却嗜读儒典，而认为道教学说不可捉摸。个中原委，他自己曾解释说：“是予早年素有此志，未遇真师，不明其要，阅诸丹经，杳

① 《道藏》第5册，第698页上。
② 《道藏》第32册，第545页下。
③ 《道藏》第32册，第608页上。
④ 《道藏》第24册，第113页上。
⑤ 《道书全集》第57页上。
⑥ 《道书全集》第41页下。

难捉摸，思考不及，研穷无方……神仙之道，因执为无。”① 因此，一旦际遇“真师”赵友钦，得授金丹大道，即“芒刺脱然，眼下便见”。于此也可看出，陈致虚在天历己巳（1329）师从赵友钦之前就已经出家。那么，他是在何处入道士籍的呢？

我们先看陈致虚本人的各处题署：《金丹大要序》落款为“紫霄绛宫上阳子观吾陈致虚”②，《道德经序》为“紫霄上阳子观吾陈致虚”③，《元始无量度人上品妙经注解序》题“金螺山北紫霄绛宫上阳子陈观吾”④，《仙佛同源序》题“庐陵上阳子陈观吾致虚”⑤。此外，陈氏弟子明素蟾《金丹大要序》称其为“紫霄绛宫上阳真人”⑥，另一弟子欧阳天琇称其为“紫霄绛宫上阳先生”⑦。可见，“紫霄绛宫”是陈氏称谓中比较固定的一个部分，但紫霄绛宫之名并不见于道教内外的文献记载，如果没有证明陈致虚是一个出家道士，那么紫霄绛宫完全有可能像刘玉的腾胜道院一样并非官方认可的道教宫观⑧。前文既已确认了陈致虚的道士身份，则紫霄绛宫按例应当是其获得道籍的地方。而“紫霄绛宫”这种表达应为一种修辞，其实就是紫霄宫（观）。

按照《元始无量度人上品妙经注解序》的落款，此紫霄宫（观）位于“金螺山北”。据《大清一统志》，金螺山“在赣县

① 《道书全集》第 10 页上。“因执为无”，《道书全集》本作“因执无为”，此据《道藏》本。

② 《藏外道书》第 9 册，第 10 页上。

③ 《道书全集》第 13 页上。

④ 《道藏》第 2 册，第 394 页上。

⑤ 《道书全集》第 461 页上。

⑥ 《道书全集》第 5 页上。

⑦ 《道书全集》第 6 页上。

⑧ 关于刘玉的腾胜道院，参见郭武：《〈净明忠孝全书〉研究——以宋、元社会为背景的考察》第二章第三节，中国社会科学出版社，2005 年。

（今江西赣县）东北一百里，相近有西华山”[①]。雍正《江西通志》曰：“西华山，在府城（指赣州府，今江西赣州）东北一百里……相近有金螺山，旧传掘土建刹，得小石数斗如螺，赤光如金，故名。上有石佛，祈祷甚验。”[②] 按照金螺山与赣县的位置关系来看，此山应该位于元时赣州路与吉州路的交界地带，其北即吉州路南境，庐陵县恰在其正北方（参见图四）。而庐陵县南正好有个紫霄观，《大清一统志》云：“紫霄观，在庐陵县南东山。”[③] 关于此紫霄观的兴废沿革，乾隆《吉安府志》云：“紫霄观，在六十三都东山杨仙炼丹处。宋治平元年甲辰（1064）建，淳熙四年丁酉（1177）赐今额。绍定（1228—1233）间废而复兴。元泰定（1324—1327）间重建，揭傒斯记（原注：失载）。至正（1341—1367）间毁，明洪武（1368—1398）初重建，张宇初记（原注：详县志）。”[④] 雍正《江西通志》亦云：“紫霄观，在庐陵县东山杨真人炼丹处。宋治平甲辰（1064）玉笥山廖思开创。淳熙丁酉（1177）赐今额。绍定壬午[⑤]废，天庆观萧苍雪来此重兴。元泰定甲子（1324）毁，毛丹隐、彭庆堂

① 《大清一统志》卷二五三，影印文渊阁《四库全书》，台湾商务印书馆，1983年，第479册，第776页。据《山东通志》卷六，另有一金螺山在东平州“东北三十里，又名白佛山”（影印文渊阁《四库全书》第539册，第280页）。此距陈致虚家乡庐陵实在太远，故不取。下引《四库全书》同此版本，只注册数、页码。

② 雍正《江西通志》卷十三《山川七》，影印文渊阁《四库全书》第513册，第433页。

③ 《大清一统志》卷二四九，影印文渊阁《四库全书》第479册，第709页。《大元混一方舆胜览·吉州路》则曰：“东山，在郡东南。”见郭声波整理：《大元混一方舆胜览》，四川大学出版社，2003年，第576页。如此，则东山与金螺山更为接近。然清代诸志皆云在庐陵县，故但录此以待他日踏勘。

④ 《吉安府志·寺观·庐陵寺观》卷五十九，乾隆四十一年（1776）刻本，第38页。

⑤ 绍定无壬午，仅壬辰（1232）。

协图兴复，揭傒斯记之。至正（1341—1367）复毁，明洪武（1368—1398）初重建。”① 无论从陈致虚的籍贯、生活年代，还是从紫霄绛宫的地理位置来考察，东山紫霄观都是符合条件的，因此，有理由相信这里就是陈致虚出家入道的地方②。而泰定甲子（1324）紫霄观遭毁，也许就是促使陈致虚离乡西行的原因。

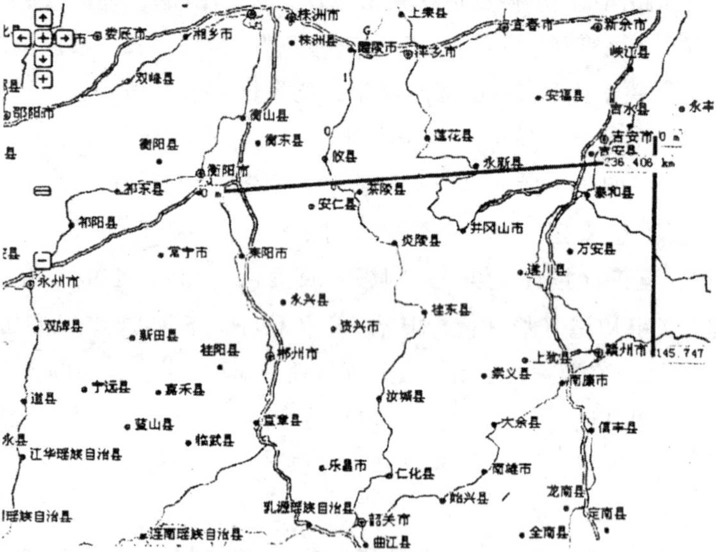

图四　吉安、赣州、衡阳位置关系图③

① 雍正《江西通志》卷一一二《寺观二》，影印文渊阁《四库全书》第516册，第682页。

② 这个道观似乎没有什么名气，或许陈致虚称之为“金螺山北紫霄绛宫”这种迂回的表达方式本身就在暗示这个事实。按照常情，如果道观所在地或道观自身很有名，则直标其名，如武当山紫霄宫、龙虎山天师府之类。而陈致虚却借助本身尚非显赫之地的金螺山来标举方位，又以“紫霄绛宫”夸大其名，由此也使笔者更加确信这个东山紫霄观即陈氏出家之地。

③ 采自“我要地图”网，网址：http：//maps. 51ditu. com/。图中测距单位为公里。

综上可知，陈致虚在家乡庐陵的东山紫霄观簪戴出家，其间未遇真师，不明金丹大道，遂对道教学说心生疑虑。后来或因紫霄观之毁，陈致虚迈步西行，四十岁时于衡阳（今湖南衡阳）际遇赵友钦，得授金丹妙道。

第二节　陈致虚师承考辨

陈致虚的师承情况主要见载于《金丹大要》卷八所收《仙派》和《仙派源流》，后世《续文献通考》《古今图书集成》《长春道教源流》诸书皆照录于此。

对于自己的师承，陈致虚在《金丹大要序》中概述为："华阳、玄甫、云房、洞宾授受以来，深山妙窟代不乏人……我重阳翁授（应为"受"——笔者注）于纯阳，而得丹阳，全真教立……我黄房公得于丹阳，乃授太虚，以传紫琼，我缘督子得于紫琼。"① 陈致虚将自己所承一系定为从马钰（丹阳）之下分出的支脉，从而将自己标榜为全真道正宗嫡传。在这个谱系中，马钰以上为内丹道尊奉的五祖，对于其"建构"过程前辈学者已有很多考辨，且本书后面的章节将有专门讨论，兹不赘述。下面逐一考察陈致虚所记马钰以下诸人的情况。

---

① 《道书全集》第6页下。

一 马钰

《仙派源流》云：

丹阳真君姓马，名钰，字玄宝，号丹阳子。先名从义，字宜甫，宁海州（今山东牟平）人。生金太宗天会元年癸卯（1123），即宋徽宗宣和五年也，五月二十日生。家富，号马半州。娶孙氏，生三子，曰庭珍、庭瑞、庭珪。大定七年丁亥（1167）重阳至，因食瓜从蒂起，怪而询之，重阳曰："香从臭里出，甜向苦中来。"复叩云何名道，重阳曰："五行不到处，父母未生前。"乃请归家，师之。戊子（1168）岁，以家事付三子而出家。重阳以所得纯阳金丹秘诀五篇授之，并口授其诀，遂顶三髻而修行成道。因分梨十化，多受辛苦。时求道者，有李大乘、赵蓬莱、韩清甫等，宋披云得师金丹之秘旨，乃先成道。有《金玉集》《渐悟集》《行化集》《成道集》《圆成集》《精微集》及《语录》一集，皆行于世。七真之内多师之。五月二十日生，十二月二十二日上升①。

经过与张子翼撰《丹阳真人马公登真记》②，王利用撰《马

① 《道书全集》第104页下。

② 《甘水仙源录》卷一，《道藏》第19册，第727—728页。作于大定二十五年（1185）正月十五日。

宗师道行碑》[1]，秦志安《金莲正宗记》卷三《丹阳马真人》[2]，赵道一《历世真仙体道通鉴续编》卷一《马钰》[3]，刘志玄、谢西蟾《金莲正宗仙源像传》之《丹阳子》[4] 等文献对勘，笔者发现，虽然《仙派源流》的内容最为简略，但基本上都能与他处相符合，唯一不同的是，其他文献都没有宋披云师承马钰的说法。今考上述关于马钰的传记资料，《马宗师道行碑》《金莲正宗记》《仙鉴续编》《金莲正宗仙源像传》俱云马钰逝于金世宗大定二十三年癸卯（1183），享年六十一岁。又据宋披云的传记资料，如李道谦编《终南山祖庭仙真内传》卷下《披云真人》[5]、李鼎撰《玄都至道披云真人宋天师祠堂碑铭并引》[6]、王利用撰《玄通弘教披云真人道行之碑》[7]，可知宋披云生于大定癸卯（1183）八月一日。仅此，已可判定宋披云不可能从马钰处得授金丹秘旨。在现存文献中，《金丹大要》是最早谈到马

① 《甘水仙源录》卷一，《道藏》第19册，第728—731页。至元十九年（1282）八月朔李道谦请作。

② 《道藏》第3册，第352—356页。《金莲正宗记》自序作于“太岁辛丑”（1241）。

③ 《道藏》第5册，第418—422页。《仙鉴》刘辰翁序、邓光荐序并作于1294年。

④ 《道藏》第3册，第373—374页。《仙源像传》刘志玄自序作于“泰定丙寅”（1326），张嗣成序于“泰定丁卯”（1327）。

⑤ 《道藏》第19册，第539—540页。《内传》王道明序作于“至元甲申”（1284）。

⑥ 陈垣：《道家金石略》，文物出版社，1988年，第546—549页。元世祖中统三年（1262）六月初六立石。

⑦ 陈垣：《道家金石略》，第753—754页。李道谦请作于至元二十六年己丑（1289）。

钰、宋披云之间授受关系的[1]，因此，可以说正是陈致虚“建构”了这种关系。

《仙派源流》又云：

> 清静元君姓孙，名不二，号清静散人，宁海人也。生宋徽宗宣和元年己亥（1119），正月初五日生。父孙忠显俾适州之马宜甫，生三子。重阳至，以分梨十化，宜甫夫妇悉弃家事，出家学道。后元君居洛阳风仙洞修行。夫妇每日相激励，俱成道。有诗词行于世。正月初五日生，二月二十九日上升[2]。

将此孙不二传记与《金莲正宗记》之《清静散人》[3]、《历世真仙体道通鉴后集》卷六《孙仙姑》[4]、《金莲正宗仙源像传》之《清净散人》[5] 对勘，可以发现，与前述马钰传记的情况一样。《仙派源流》在诸传当中文字最为简略，但基本内容都能在其余资料中找到，唯有两点不同：一是孙不二逝世的日期，他处皆为十二月二十九日，《仙派源流》应当是漏刻“十”字；二是“夫妇每日相激励，俱成道”一句，他处皆无，仅见于《仙派源

① 除了《仙派源流》外，陈致虚还说：“得其（马钰）传者亦多，惟黄房公最先道成。”（《道书全集》第 88 页下）又对弟子明素蟾说：“自我丹阳之传黄房公也，又六传而至于子。”（《道书全集》第 59 页上）陈氏所称黄房公意指宋披云，详见下文。

② 《藏外道书》第 9 册，第 118 页上。

③ 《道藏》第 3 册，第 364—365 页。

④ 《道藏》第 5 册，第 487—489 页。

⑤ 《道藏》第 3 册，第 379—380 页。

流》[①]。陈致虚为什么要“特意”加上这句话呢？窃以为，应当从陈氏所行乃阴阳丹法这个实际情况来考虑。陈致虚的业师赵友钦就已经将马钰夫妇作为阴阳双修的代表人物，其《仙佛同源》云：“（世人）又或者因见‘休妻不是道’及‘何须要去妻孥’之语，多疑以为邪僻所行三峰采战，绝不知夫妻双修之妙，谓之自利利他。如西山十二真君、萧史、文萧、马丹阳、庞居士辈，夫妻子女皆证仙佛是矣。”[②] 所以，陈致虚在此不过是继承师说而“建构”马钰的双修形象。

之所以选择把马钰“建构”为本派祖师，大概有以下原因：第一，最明显的原因，是马钰与谭、刘、丘、王、郝有根本的不同，他与孙不二夫妇同为王重阳七大弟子，便于为阴阳双修派附会。第二，马钰在七真中地位特殊。他与王重阳的关系在师友之间，王氏且称之为“弟”，正如《仙派源流》所言，“七真之内多师之”；他作为全真第二代掌教，具有承上启下的作用，对于全真道的稳定发展做出了贡献，在教内颇有声望[③]。第三，马钰的形象在13世纪末就被搬上了戏剧舞台，无疑扩大了其社会影响[④]。第四，在陈致虚的时代，马钰已获得神性地位。陈致虚说：“玉帝敕命，见授丹阳真君掌领仙籍，巡行天下，察人功

---

① 其他文献言也有言及马、孙之间的诗词赠答，如《道藏》现存的马钰文集中保留了部分赠答文字。但陈致虚此处所说的“每日相激励”，最后“俱成道”，显然与这种诗词赠答、劝喻修行有不同的含义。

② 《道书全集》第481—482页。

③ 具体论述可参见张成：《丹阳子马钰研究》，四川大学硕士论文，2006年，未刊稿。

④ 参见Hawkes，“*Quanzhen plays*”. 此据［法］施舟人、［法］傅飞岚主编：《道藏通考》，芝加哥大学出版社，2004年，第1134页。

勤，注上丹台。”①

二　黄房公

《仙派源流》云：

> 黄房公姓宋，名有道，字德芳，号黄房公，沔阳府人氏。行诸阶法，无云则能以符而行云，有云则能披云而见斗，故时号披云真人。一日遇丹阳，授以金丹火候秘诀，行之两年，能二其身弗死。因游东海，适皇元太祖成吉思皇帝召长春丘师升，时公与十八人为之辅行，公为首焉。世祖皇帝封通玄弘教披云真人，武宗皇帝加封通玄至道崇文明化大真人。后以至道授太虚李真人，而黄房公莫知所终，或云在燕之长春观坐逝②。

对于这段记述，清末陈铭珪已有详辨，他主要依据《终南山祖庭仙真内传》认定陈致虚“所撰宋德方传盖非事实”③，乃为假托附会，可惜未进一步深入考究，最后又反过来承认陈致虚“自述师承，盖不诬也”④。通过与前面提到过的《终南山祖庭仙真内传》卷下《披云真人》、《玄都至道披云真人宋天师祠堂碑铭并引》、《玄通弘教披云真人道行之碑》等文献对勘，笔者发现，除了西觐成吉思汗和元世祖赐号两宗事实相同之外，《仙派源流》与其余文献在宋氏的名号、籍贯、师承、死葬等方面的

① 《道书全集》第 10 页下。
② 《道书全集》第 105 页下。
③ 陈铭珪：《长春道教源流》卷四，《藏外道书》第 31 册，第 65 页下。
④ 陈铭珪：《长春道教源流》卷六，《藏外道书》第 31 册，第 104 页上。

记载都不一致。第一，他处皆言宋氏名广道，字德方，并无黄房公之号；惟《仙派源流》言其名有道，字德芳[①]，号黄房公。《道藏》本《上阳子金丹大要仙派》且称其为“黄房公披云德光真人宋有道”[②]，其中“德光”当为“德方”的异写。对于“披云”一号的由来，他处皆记为丘处机所赐，独《仙派源流》记为行法而得。第二，他处皆言宋氏乃莱州掖城（今山东莱州）人，宋德方也自称“东莱披云子”[③]，独《仙派源流》称其为沔阳府人氏。第三，他处皆云宋德方先师从刘处玄[④]，后得度于王处一而占道士籍，又师事丘处机，所谓“三灯传一灯，一灯续三灯”。《仙派源流》乃谓其师从马钰，前文已辨其伪。第四，他处皆谓宋德方逝于丁未岁（1247）十月十一日，葬于终南重阳宫仙蜕园，后移葬于永乐纯阳宫。此说已得到考古资料的印证，1959年底到1960年初，山西省文物管理委员会、山西省考古研究所对永乐宫旧址进行了发掘清理，其中就包括宋德方墓[⑤]。《仙派源流》乃故神其说，与其他文献完全不同。综合这些材料来看，陈致虚的祖师是黄房公宋有道，和全真派的宋德方明显是两个人，却被陈氏强行牵合为一。

从黄房公的籍贯入手，我们或可略窥其真面目，并弄清陈致

---

① 《道藏》本《上阳子金丹大要列仙志》作“德方”，《道藏》第24册，第76页中。

② 《道藏》第24册，第77页下。

③ 《鸣鹤余音》卷九《七真禅赞并叙》，《道藏》第24册，第309页下。

④ 宋德方弟子秦志安撰《长生真人刘宗师道行碑》，末云：“披云宋君袭教轸，承法轮。”可为佐证。见《甘水仙源录》卷二，《道藏》第19册，第734页上。

⑤ 参见山西省文物管理委员会、山西省考古研究所：《山西芮城永乐宫旧址宋德方、潘德冲和“吕祖”墓发掘简报》，徐苹芳：《关于宋德方和潘德冲墓的几个问题》，俱载《考古》1960年第8期。

虚一系丹法的源头。《仙派源流》称黄房公为沔阳府人氏，据《嘉庆重修一统志》可知，湖北沔阳州于元世祖“（至元）十五年（1278）升为沔阳府，属荆湖北路”①。我们已经知道，陈致虚生于1290年，据此推算，黄房公或当生活于12世纪末13世纪初，其时沔阳府尚未建置，因此，陈致虚应当是套用自己时代的州府建置来记述黄房公的籍贯。稽考史乘，则黄房公的籍贯存在两种可能。第一，黄房公为湖北沔阳（今湖北仙桃）人，其时沔阳府为复州，至陈致虚时代其地为沔阳府。第二，黄房公为汉中沔阳（今陕西勉县）人。汉中沔阳其来甚久，《嘉庆重修一统志》云：

> 沔阳故城，在沔县东南，汉置，以在沔水之阳而名。《蜀志》：建安二十四年（219），先主于沔阳设坛场，为汉中王。建兴五年（227），诸葛亮率诸军驻汉中，行屯于沔阳。《华阳国志》：魏置梁州，初治沔阳。又云：蜀时以沔阳为汉城。《水经注》：沔水又东径沔阳故城南，萧何所筑也。城南临汉水，北带通达。《寰宇记》：故城在梁州西八十四里，西县东南十六里，隋开皇三年（583）废。《府志》：在县东十里②。

可见，其地自汉代以来就一直称为沔阳。所以，有可能黄房公的籍贯口耳相传为沔阳，而陈致虚径称之为沔阳府，或者将之妄等于湖北沔阳府。以上两种情况在古人撰述中无疑都是可能

① 《嘉庆重修一统志》卷三三八《汉阳府一》，《四部丛刊续编》本。
② 《嘉庆重修一统志》卷二三八《汉中府二》，《四部丛刊续编》本。

的，而笔者更倾向于第二种可能①，即黄房公为汉中沔阳人。这是因为，汉中乃五斗米道故地，道教传绪绵延不绝；且黄房公的弟子李珏为蜀中崇庆（今四川崇州）人，从地理位置来看，汉中地近，更可能传法。如果这个推测能够成立，则陈致虚一系所传为蜀中丹道法门。这也便于理解陈致虚得赵友钦传授之后，又于蜀地遇青城老仙而补完丹道，盖因授受皆为蜀中丹道，所以毫无滞碍，不过以“青城之训为最的而易行”耳。其云：“致虚首闻赵老师之旨，未敢自足。后遇青城老仙之秘，方知阴阳造化顺则人、逆则仙之理，无复更议。至如象月出庚，阳生火候之奥，青城之训为最的而易行。”② 陈致虚注《悟真篇》，于“先把乾坤为鼎器”诗下引有黄房公一语，其曰：

> 鼎器者，何也？灵父圣母也，乾男坤女也。药物者，何也？灵父圣母之气，乾男坤女之精。驱此二家之物，归炼于神室中，以成灵丹。黄房公曰“手握乾坤，口吞日月”者是也③。

结合陈致虚的解释来看，应该是男女双修的路数，然而终究是只言片语，不能确知黄房公丹法的全貌。

从上面的论证来看，陈致虚是将本派祖师黄房公假托为宋德方，从而依附全真道。假托宋德方的原因大概是：第一，宋德方与黄房公的姓名或许很相近。从上面的相关材料来看，二人都姓

---

① 当然，湖北沔阳在宋元时或许也是丹道发达之地，如白玉蟾弟子留元长就说，其师“姓白讳玉蟾，或云海南人，疑其家于襄沔也”。（《海琼问道集序》，《道藏》第 33 册，第 140 页上）

② 《上阳子注悟真篇序》，《道藏》第 2 册，第 972 页上。

③ 《紫阳真人悟真篇三注》卷三，《道藏》第 2 册，第 990 页下。

宋，一名广道，一名有道；披云子字德方，黄房公的表字有德方、德芳、德光几种记载，但读音都很接近，容易混淆。这或许正可说明为什么陈致虚不是选择马钰的亲传弟子进行依托，却非要选择与马钰不可能有师徒关系的宋德方①。第二，宋德方主持编修《玄都宝藏》，道价隆盛。第三，宋德方一系在全真道中颇有地位。宋氏弟子祁志诚从至元九年（1272）到至元二十二年（1285）担任全真掌教。祁氏弟子苗道一则先后两次出任全真掌教：第一次大约从至大元年（1308）起，并于至大三年（1310）请求武宗加封五祖七真及随丘处机西觐的十八弟子②；第二次从天历元年（1328）起，到元统元年（1333）仍在掌教任上③。由此可见，在陈致虚撰作《金丹大要》的时候，全真掌教正是苗道一。因此，假托宋德方为祖师，就是与全真掌教同宗，“正统”地位不言而喻。

综合对马钰和黄房公的考辨，我们可以看到，陈致虚为本派“正统性”的建立可谓煞费苦心。通过“建构”马钰的双修形象，将黄房公假托为宋德方并“建构”马、宋的师徒关系，不

---

① 至于陈致虚“建构”马、宋师徒关系，或许还有其他原因。比如，宋德方石椁两侧的刻画，徐苹芳先生命名为“墓主人夫妇开芳宴”和“墓主人游归图”，都有夫妇二人的图像，便于阴阳双修派附会。虽然从陈致虚编撰的传文看，他不可能知道宋德方的死葬情况，但不能断定当时社会上没有这类传闻。然而，这个问题还有不清楚的地方，因为这个石椁是“解州盐使兼管民千户阎广施”，故不能确定是否本为阎广留以自用之物；而且，即使是为宋德方现制的，也不一定就是其现实生活的记录。所以，姑将此条列此备考。参见《考古》1960 年第 8 期前揭文。

② 在十八位弟子中，尹志平、李志常、宋德方加封大真人，其余为真人。尹、李都担任过掌教，封为大真人不难理解。宋德方封大真人，笔者以为或与苗道一有一定关系。

③ 关于祁志诚、苗道一的情况，参见卿希泰主编：《中国道教史》第三卷，四川人民出版社，1996 年，第 228—229、232—234、236—237 页。

仅使阴阳双修丹法成为“正统”的修持方式，而且使本派获得全真道支脉的“正统”地位。不知是因为陈氏的“建构”很有欺骗性，还是由于陈氏本身在后世名声大噪而不愿将他从全真道中剔除，后世的一些道士和学者果信其为全真徒裔，如清代鲍廷博注《金盖心灯》云，陈致虚为“马丹阳真君遇仙派裔”[①]；前引陈铭珪《长春道教源流》最终也承认其所述师承不诬；《大成捷要·道教源流谱》所述马钰至陈致虚传承实本于《仙派源流》[②]；陈国符先生《说周易参同契与内丹外丹》亦将陈致虚作为北宗道士，系于马丹阳名下[③]。

三　李珏

《仙派源流》云：

> 太虚真人姓李名珏，字双玉，蜀之崇庆州（今四川崇州）人[④]。既得黄房公金丹之道，改名栖真，号太虚，即往邵武之武夷潜修金丹。七个月而道将成，乃回途。道经龙虎山。先夕，雩坛有梦真人至者。时久旱，祈祷弗应。次日真人果至，众皆弗知，惟梦者见一贫道人来，曰：“是此人也。”众请祈雨，应时沾沛而去。至真州（今江苏仪征）玉

① 《金盖心灯》卷二，《藏外道书》第31册，第197页上。

② 徐兆仁主编：《东方修道文库·悟道真机》，中国人民大学出版社，1990年，第157页。

③ 陈国符：《道藏源流考》附录六，中华书局，1963年，第438—453页。

④ 据嘉庆《四川通志》卷二《舆地志·沿革》，崇庆于“（至元）二十年（1283）改曰崇庆州，属成都路”。见常明等修，杨芳灿等纂：《四川通志》，巴蜀书社，1984年，第1册，第521页下。因此，以陈致虚所处年代推算，李珏时应无崇庆州之称。这又是陈氏在套用自己时代的州府建置，可为前论黄房公籍贯之辅证。

虚庵，结圜而坐。后出圜，以道授张紫琼，既而嘱曰："金丹宜潜修，大道当人授。"后入青城山，莫知所终。五月初十日生，八月十五日成道①。

万历间张文介辑《广列仙传》，卷七《李珏》全本于此②。雍正《四川通志·仙释传》有李珏传记③，内容与此相同，亦当源于此，然而却将李珏归入唐代，应为误记。娄近垣辑《龙虎山志》虽然同样照录《仙派源流》，却将李珏归于宋代，较为正确④。结合下文张模传记来看，李珏所到之处多住道观，且为"一贫道人"，或许是出家道士。然而，关于李珏的资料实在很少，仅见于陈致虚的论述当中。一云："太虚真人得黄房公旨，依教往武夷，即谋就乃事。初行炼己功，每障魔百至，太虚卓然曰：'束送妖魔精，斩馘六鬼锋。'旋定息而坐。此念才举，爱根斩然。"⑤ 说的是炼己功夫。一云："我太虚李真人得丹之后，闻寺讲经，潜众听之，出而叹曰：'他门说得行不得，我门行得说不得。'"⑥ 说的是丹道不尚空谈，需要实修。笔者在搜集资料的过程中，发现《贵州通志·仙释》在"遵义府"下记有明代李珏，其云："李珏，未详何许人，修黄老金丹之术。时久旱，先期有梦其至者。及至，求珏祷雨，即应。后至正安州（今贵

① 《道书全集》第105页下。

② 《藏外道书》第18册，第550页下。同卷还有宋有道、张模、赵友钦传记，皆同于《仙派源流》。

③ 影印文渊阁《四库全书》第561册，第216页。其传记将"李珏"误为"李班"，"紫琼"误为"紫璚"，"黄房公"误为"黄石公"；又言其于"九月九日上升"，与《仙派源流》不同。

④ 《龙虎山志》卷三《人物》，《藏外道书》第19册，第478页下。

⑤ 《周易参同契分章注》卷上，《藏外道书》第9册，第231页上。

⑥ 《紫阳真人悟真篇三注》卷三，《道藏》第2册，第994页中。

州正安）玉虚庵，以其术授道人张紫霞，羽化而去。后紫霞犹见之于青城山云。”① 从其中祷雨、玉虚庵、张紫霞、青城山来看，似乎是从《仙派源流》化用，姑录此备考。

四　张模

《仙派源流》云：

紫琼真人姓张名模，字君范，饶州德兴（今江西德兴）人也。后闻道，改名道心。初，太虚真人偶寓安仁（今江西余江）熙春宫，紫琼求授金丹，太虚弗与。继而适市，因见施丐钱三十文，乃曰：“可授已。”遂以金丹之道付之。次年，复会真州，始全火候。紫琼既闻真要，后以至道授于缘督子赵君，乃即隐去。十月初二日生，十二月二十五日成道②。

陈致虚在他处记有张模二事。一为张模向李珏请教《参同契》：

我紫琼翁初受太虚真人入室语，首问《参同契》为明《易》耶，为行《易》耶？太虚曰：“《易》只阴阳两件物事，能明能行方为圣人。”③

一为李珏借机考查张模对丹道的理解：

① 乾隆《贵州通志》卷三十二，影印文渊阁《四库全书》第572册，第165页。
② 《道书全集》第105—106页。
③ 《周易参同契分章注》卷上，《藏外道书》第9册，第238页。

昔我紫琼公常（疑当作“尝”——笔者注）侍太虚真人，偶一辩士求见，曰：“‘敲竹唤龟吞玉芝’，问我师如何是‘唤龟’？”太虚曰：“‘唤龟’我当语汝，我且问你如何是‘敲竹’？”辩士曰：“上上关捩。”太虚曰：“我不问上上关捩，且说如何是‘敲竹’？”辩士曰：“密密深机。”太虚曰：“你这言句是长连床上学来底，你将去与天下人论辩去，我这里不是你唤龟处。”其人不悟，令紫琼拖出。后却问紫琼曰：“汝知‘敲竹’否？”曰：“寂然不动，感而遂通。”曰：“汝知‘唤龟’否？”曰：“礼下于人，必有所得。”曰：“适来辩士何以不言？”紫琼曰：“彼未得师，强猜不得。”太虚复诫曰：“知之非难，行之惟难。”①

关于张模，还有两个问题需要辨正。第一，雍正《江西通志·仙释传》引康熙二十二年（1683）安世鼎所修旧志云：“张模字君范，称紫琼真人。兄根、朴皆肮仕，模独恬退。”② 张根、张朴兄弟皆北宋名臣，《宋史》有传③。且自 20 世纪 70 年代以来，江西德兴市陆续出土了张氏家族的几通碑铭，计有：《宋故通直郎致仕赐绯鱼袋张公（潜）行状》④、《宋故将仕郎梧州司户曹兼司录刑曹事张公（由）墓志铭》⑤、《宋故致政参政大资

① 《紫阳真人悟真篇三注》卷四，《道藏》第 2 册，第 1007 页上中。
② 影印文渊阁《四库全书》第 516 册，第 469 页。
③ 见《宋史》卷三五六，中华书局，1977 年，第 11217—11220 页。
④ 陈柏泉编著：《江西出土墓志选编》，江西教育出版社，1991 年，第 81—89 页；并参陈定荣：《德兴张氏世家的两方碑碣》，《江西文物》1991 年第 1 期。
⑤ 陈柏泉编著：《江西出土墓志选编》，第 91—94 页；并参陈定荣：《李纲书丹的宋张由墓志铭》，《文物》1986 年第 1 期。

张公（焘）墓碣》[①]、《张公（朴）地券》[②]、《宋龙图张公（根）行状》[③]。其中，张潜为张根、张朴的祖父，张由为二人叔父，张焘为张根长子。从这些材料可以看到，张根生于嘉祐六年（1061），卒于宣和二年（1120）；张朴生于元丰元年（1078），亦卒于宣和二年（1120）。据碑铭所录，根、朴唯有同父昆仲张相，未提及张模其人。而且，从陈致虚的年代来推算，张模的生活年代与张根、张朴大约相差200年。因此，张模不可能是根、朴的亲弟弟。然而，德兴张氏实在是一个大家族，根据《张潜行状碑》，张氏自宋初迁居德兴，至张潜时已是"高祖以来，三世同居"。张潜行三，同父兄弟五人，至其父去世时，"昆弟同居数百口"。就张潜一支来讲，张潜去世时有五男二女，"孙男二十三人，女十六人。曾孙男女三十人，玄孙男女四人"。《张由墓志铭》也说："张氏德兴望族，内外数千指。"[④] 即从张根、张朴来看，二人为同父所育，而生年相差达18岁，几乎为一代人的差距。所以，从比较极端的情况推测，张模还可能是根、朴的族弟，但这种可能性非常小，他更可能是根、朴的晚辈[⑤]。

第二，清初黄周星、汪象旭笺评的《西游证道书》卷首，

---

① 陈柏泉编著：《江西出土墓志选编》，第133—139页；并参陈定荣：《德兴张氏世家的两方碑碣》，《江西文物》1991年第1期。

② 陈柏泉编著：《江西出土墓志选编》，第556—558页。

③ 孙以刚：《宋龙图张根行状碑略考》，《南方文物》1999年第2期。

④ 陈柏泉编著：《江西出土墓志选编》，第92页。

⑤ 宋人颇重行辈，从上述碑铭看，张氏至晚在张根一代即严格取名用字。张根一辈皆用"木"旁字，张焘一辈用"火"旁字，张焘子辈用"土"旁字、孙辈用"金"旁字；又周必大撰《张焘神道碑》，记张焘曾孙涛、玄孙桌，分别为"水"旁和"木"旁。见周必大：《文忠集》卷六十四，影印文渊阁《四库全书》第1147册，第684页。可见，张氏取名乃按照五行相生的顺序循环。所以，单从名字看，张模有可能是根、朴同辈，也可能是张桌一辈或更晚。

有题为虞集撰的《西游证道书原序》，其曰：

> 余浮湛史馆，鹿鹿丹铅。一日有衡岳紫琼道人，持老友危敬夫手札来谒，余与流连浃月。道人将归，乃出一帙示余，曰："此国初丘长春真君所纂《西游记》也。敢乞公一序以传。"余受而读之，见书中所载乃唐玄奘法师取经事迹①。

柳存仁先生在《全真教和小说西游记》中，针对这篇序言提出了七个疑点，表明他"对于题为虞集撰的这一篇序文的真确性是怀疑的"。不过，柳先生又说："在另一方面我对序文里的一部分曾经客观存在的具体资料，也有不怀疑的地方。"② 比如说，"那一位持危敬夫的手札来谒虞集的衡岳紫琼道人，早已有人找到了一些文献方面的线索。神户外国语大学的太田辰夫教授在他的一篇文章里③曾指出紫琼道人就是元代的道士张模"④。笔者虽无缘亲睹太田教授的高论，但从柳先生的注文可知，太田使用的材料不过是《金丹大要列仙志》和《续文献通考》，《道藏》本《金丹大要列仙志》就是前引《仙派源流》，而《续文献通考》又是照录《仙派源流》，所以太田的证据不过是孤证。而且，从《仙派源流》中根本看不出此紫琼真人张模就是彼衡

---

① 刘荫柏编：《西游记研究资料》，上海古籍出版社，1990 年，第 554 页。

② 柳存仁：《和风堂文集》，上海古籍出版社，1991 年，第 1329 页。

③ 原注：关于这一层，即利用《道藏》里所收元末陈致虚的《上阳子金丹大要·列仙志》和明王圻《续文献通考》卷二四三的资料，读者可参阅太田辰夫《西游证道书考》一文，收入《神户外大论丛》第二十一卷第五号，1970 年，第 5 页。这一篇文章，很可惜没有收在前引的《西游记の研究》里。因为有了太田先生的文字在前，我这一段的叙述将尽量缩短，免得累赘。(《和风堂文集》，第 1385 页)

④ 柳存仁：《和风堂文集》，第 1330 页。

岳紫琼道人，也看不出张模和《西游记》有任何联系。柳先生失察于此，而云："如果题虞集撰的《西游证道书序》证明是可靠的，那么《序》里所说的紫琼道人张模就很有可能是依托了丘处机撰写这个全真本子的人，而汪澹漪、黄笑苍夸示的他们根据的古本或大略堂本《释厄传》应该就是全真的那个本子。"①对此，徐朔方先生批评道："柳论之所以对虞集序的真伪未能断然加以否定，因为那不利于它所臆测的所谓全真本《西游记》的存在。查此序署'天历己巳（二年，1329）翰林学士临川邵庵虞集序'。据《元史》卷一八一《本传》，虞集的官衔是翰林直学士，《新元史》卷二〇六《本传》略同。据《元史》卷八十七，翰林学士从二品，翰林直学士从四品，高下不同。难以想象虞集连自己的官位都搞不清楚，可见这篇序是假冒之作。"②笔者翻检《道园学古录》，未见虞集有称"翰林学士"例，卷四《大象图赞》、卷四十七《敕赐黄梅重建五祖禅师寺碑》皆署"翰林直学士"衔③。因此，所谓虞集序实为伪作。至于是不是像柳先生说的那样，"《序》里所说的可以相信为历史人物的紫琼道人和小说之间的关系也还有待于学者们的厘定，因为伪《序》文里也许还会含有一部分真实的材料"④，确实还需要寻找新的线索。

---

① 柳存仁：《和风堂文集》，第1377页。

② 徐朔方：《评〈全真教和小说西游记〉》，《文学遗产》1993年第6期，第100页。

③ 虞集：《道园学古录》，《四部丛刊初编》本。

④ 柳存仁：《和风堂文集》，第1377页。

五 赵友钦

《仙派源流》云：

> 缘督真人姓赵名友钦，字缘督，饶郡人也。为赵宗子。幼遭劫火，早有山林之趣。极聪敏，天文、经纬、地理、术数莫不精通。及得紫琼师授以金丹大道，乃搜群书经传作三教一家之文，名之曰《仙佛同源》。又作《金丹难问》等书行于世。己巳（1329）之秋寓衡阳，以金丹妙道授上阳子。六月十八日生①。

把其中强调的宗室身份和“幼遭劫火”联系起来看，赵友钦应该出生于元灭南宋以前，假定为1270年左右，想必不会大错。这样的话，1329年传授陈致虚之时，赵氏大概有60岁。明曹学佺《名胜志》云：赵缘督“洪武（1368—1398）初坐化，葬龙游（今浙江龙游）鸡鸣山后”②。看来赵友钦比较长寿，大约活到100岁。这也可解释《仙派源流》只是列出了赵氏的生日，并未提及其去世日期，因为陈致虚作《金丹大要》时赵友钦仍在世。

赵友钦的名号，历代载记异说纷纭，如宋濂《革象新书序》云：“不知其名若字，或曰名敬，字子恭，或曰友钦其名，弗能

① 《道书全集》第106页上。“《金丹难问》”，王圻《续文献通考》作“《金丹问难》”。

② 雍正《江西通志》卷一〇四《仙释》引，影印文渊阁《四库全书》第516册，第470页。万历《龙游县志》亦云赵缘督墓在鸡鸣山，参见雍正《浙江通志》卷二三九《陵墓》所引，影印文渊阁《四库全书》第525册，第457页。

详也。故世因其自号，称之为缘督先生。”[①] 今观赵友钦《仙佛同源》，自序署“元江左散人、今四明入室金阳缘督子赵友钦序”[②]，则“缘督子”乃其号也，故《仙派源流》言其“字缘督”是不对的。而且，作为赵宋宗室，取名并非任意为之，而是要通过国家的宗室机构如宗正寺、大宗正司等，有严格的行辈用字和避讳制度[③]。美国学者贾志扬先生通过广泛搜罗各类材料，为有传记的宋宗室开列了一个详细的世系名单，其中太宗一系第13代录有赵友寿（1312—1364）、赵友贤（1312—1369）[④]，从生活年代和行辈字上来看，可确定为赵缘督同辈，故《仙佛同源》自称“赵友钦”当是称名而非称字。据此，谓其名“敬”的说法也是不正确的[⑤]。至如宋濂记“字子恭”，却符合古人命字的习惯，宜乎为友钦之字。因此，我们可以确定，赵友钦字子恭号缘督。据其自署，则又曾号江左散人、金阳子。

赵友钦的籍贯也需要作些说明。《仙派源流》云其为饶郡人，宋濂《革象新书序》[⑥]、《古今图书集成》所引《衢州府

① 宋濂：《文宪集》卷五《革象新书序》，影印文渊阁《四库全书》第1223册，第372页。

② 《道书全集》第461页下。

③ 参见［美］贾志扬著，赵冬梅译：《天潢贵胄——宋代宗室史》，江苏人民出版社，2005年。

④ ［美］贾志扬著，赵冬梅译：《天潢贵胄——宋代宗室史》，第283页。

⑤ 这还涉及避讳的问题。宋太祖赵匡胤的祖父名敬，故清代何琇论云：“宋翼祖讳敬，而南宋张栻字敬夫，又元赵缘督以宋宗室子而名友敬，皆祧庙不讳也。然临文不讳可也，以为名字则可用之字多矣，何必是。”（《樵香小记》卷上《祧讳》，影印文渊阁《四库全书》第859册，第792页）现在看来，赵友钦本不存在犯讳的问题，不必用祧讳来解释。

⑥ 宋濂：《文宪集》卷五《革象新书序》，影印文渊阁《四库全书》第1223册，第372页。

志》[①] 谓为鄱阳人，曹学佺《名胜志》谓为德兴人[②]。据《嘉庆重修一统志》，鄱阳县"元为饶州路治"[③]，则饶郡和鄱阳二说可以统一，均谓郡城鄱阳县（今江西鄱阳）。而且，除《仙派源流》外，上述文献都说赵友钦在芝山酒肆遇异人传道，《嘉庆重修一统志》云："芝山，在鄱阳县北一里，周十余里，为郭之胜。《明统志》：初名土素山，唐刺史薛振于山巅得芝草三茎，因改名。"[④] 鄱阳也确实是赵宋宗室的一个聚居地，在 1243 年即修有《鄱阳赵氏续修谱》[⑤]。因此，赵友钦的籍贯更可能是鄱阳。

除了师从张模之外，宋濂《革象新书序》显示了赵友钦的另一师承渊源——南宗二祖石泰。其云：

> 先生鄱阳人，隐遁自晦，不知其名若字，或曰名敬，字子恭，或曰友钦其名，弗能详也。故世因其自号，称之为缘督先生。先生宋宗室之子，习天官遁甲钤式诸书，欲以事功自奋。一日坐芝山酒肆中，逢丈夫修眉方瞳，索酒酣饮。先生异而即之，相与谈玄者颇久，且曰："汝来何迟也。"于是出囊中九还七返丹书遗之。临别，先生问其姓名，曰："我扶风石得之（即石泰——笔者注）也。"得之盖世传杏林仙人云。先生自是视世事若漠然不经意间，往东海上独居十年，注《周易》数万言，时人无有知者，惟傅文懿公立

① 《古今图书集成·神异典》卷二五六，中华书局、巴蜀书社，1985 年影印本，第 62369 页。

② 雍正《江西通志》卷一〇四《仙释》引，影印文渊阁《四库全书》第 516 册，第 470 页。

③ 《嘉庆重修一统志》卷三一一《饶州府一》，《四部丛刊续编》本。

④ 同上。

⑤ 见［美］贾志扬著，赵冬梅译：《天潢贵胄——宋代宗室史》，第 220 页。

极畏敬之，以为发前人所未言。先生复悉弃去，乘青骡，从以小苍头，往来衢婺山水间。人不见其有所赍，旅中之费未尝有乏绝，竟不知为何术。倦游而休，泊然而亡，遂葬于衢之龙游鸡鸣山。原有朱晖德明者，龙游人也，久从先生游，得其星历之学，因获受是书，而晖亦以占天名家。晖既没，其门人同里章濬深惧泯灭无传，亟正其舛讹，刻于文梓，而来征濂为之序。……先生之《易》已亡于兵烬，所著兵家书及神仙方技之言亦不存，其所存者仅止此而已，当与《历经》并行无疑①。

据《武进县志》和《历世真仙体道通鉴》卷四十九《石泰传》的记载，石泰卒于南宋高宗绍兴二十八年（1158）②。前文已经推定赵友钦生于1270年左右，绝无可能亲炙石泰。而且，陈致虚作为赵友钦亲传弟子，从未提及此事。那么，宋濂的说法从何而来呢？虽然《古今图书集成》“赵友钦”条引《衢州府志》云：“宋公濂、刘公基皆从先生游。”③ 但是从《革象新书序》来看，宋濂连赵友钦究竟叫什么名字都弄不清楚，似乎不太可能与赵友钦有直接交往。但宋濂或许并非信口胡诌。从赵友钦门人章濬邀其作序的情况分析，宋濂之说可能从朱德明、章濬一系得来，但朱、章一系只不过继承了赵友钦的星历学而已④，

① 宋濂：《文宪集》卷五《革象新书序》，影印文渊阁《四库全书》第1223册，第372—373页。

② 转引自卿希泰：《紫阳派的形成及其传系和特点》，载《道韵》第五辑《金丹派南宗（甲）》，第4页。

③ 《古今图书集成·神异典》卷二五六，第62369页。

④ 雍正《浙江通志》卷一九七《方技下·衢州府》引万历《龙游县志》云：朱晖“字德明，善天官家。少从鄱阳赵友钦学，得其《革象新书》，日夜研究，业遂精”。影印文渊阁《四库全书》第524册，第373页。

于内丹之事并不通晓，故其言不足采信。但是，石泰或者也曾传授阴阳双修法门。如郝勤先生分析南宗内丹双修派源流时，就对史料所载石泰传薛道光内丹的情形提出疑问，认为“只有用石泰传薛道光的是双修法，方能解释得通”①。因此，赵友钦得到某个托名石泰的南宗徒裔以双修丹法相授或许是可能的。

赵友钦自述：“仆自闻道之后，亦尝受馆于方外者数载。”②结合其署题“元江左散人、今四明入室”③ 来看，赵氏或在浙江四明（今浙江宁波）出家为道士。后又到杭州大涤山修炼。陈致虚说：“我师赵真人从大涤山修行来，授我以金丹之道，并合天河逆流之说。”④ 陈氏还记有赵友钦二事，一云：

> 我赵老师因见一人尽日谈道，每谓曾遇高人发明。师即前，拜而问曰：“道不敢问，且道龙虎为何物？”人曰：“龙虎在汝身。”师曰：“作何状？”人曰：“肝肺是也。”师曰：“汝当入拔舌地狱受报去矣，更不向世间误赚人。”⑤

一云：

> 上阳子南岳侍赵老师，闻人诵《度人经》，问曰：“何云‘金刚乘天’？”师曰：“要莫糊涂，你且从头说来。我先问你‘混洞赤文’是何物？”就起揖问。师曰：“我闻这四字便一身冷汗。”言下即悟，把此经一串透过。师却曰：“你知‘金刚乘天’了也。”曰：“通身是汗。”师曰：“参

---

① 郝勤：《龙虎丹道——道教内丹术》，四川人民出版社，1994 年，第 257 页。
② 《仙佛同源》卷九，《道书全集》第 481 页下。
③ 《仙佛同源》自序，《道书全集》第 461 页下。
④ 《金丹大要》卷七，《道书全集》第 90 页上。
⑤ 《紫阳真人悟真篇三注》卷三，《道藏》第 2 册，第 996 页上中。

须实参，悟须实悟，更向上说句来。”曰：“如今超无色界了。”师鸣指一下，曰：“如是如是。”①

赵友钦《仙佛同源》被收入《诸真玄奥集成》卷八，全书分为十卷：苦求师传第一，知音道侣第二，具足法财第三，即非坐禅第四，即非心神第五，有物第六，有事第七，有为第八，混俗第九，长生不死第十。每卷皆始以缘督子小序，批判常俗之误。然后采摭道书之语为“道言”，佛藏之语为“佛语”，最后以“缘督子曰”而合会之。此书陈致虚序称：“道德五千余言，高仙之祖书；大藏五千四十八卷，诸佛之慧炬。……今视丹经则曰‘金丹’，视大藏则曰‘上乘’。然上乘则金丹，非金丹之外别有一上乘。但各门而同事，异派而同源，所谓‘天下无二道’也。我师缘督子赵真人，授黄房太虚之密旨，自大②涤山修行来，欲共众生同证仙佛，遂作《金丹难问》六章。而以旨意幽深，学人难入，乃述《仙佛同源》八十一卷。又以其文颇繁，手删之为十卷，使人易于览悟。”③ 此序简略叙述了《仙佛同源》成书之由，显示了其基本旨趣乃在于论证佛道之旨无二，学习仙道者亦当会通佛理。这对陈致虚产生了巨大影响。《金丹大要》不仅延续了《仙佛同源》每一卷的旨趣，而且还从其中化用了大量的佛道资料。

赵友钦有弟子张性初，后来投于陈致虚门下，号西阳子。《金丹大要》卷六《与西阳子张性初》云：“仆记缘督子赵老师曰：‘浔阳张性初者，吾以玄秘授之矣。’……（性初）谓毕得

① 《度人经注》卷中，《道藏》第2册，第422页上。
② “大”字本泐，据文义补入。
③ 《道书全集》第460页下。

赵老师之语，并赐之曰‘玄白’。”[①] 赵友钦还向王守仁七世祖王纲传授筮法。张壹民撰《王性常先生传》云，王纲“元末尝奉母避兵五泄山（在浙江诸暨）中，有道士夜投宿，性常异其气貌，礼敬之曰：‘君必有道者，愿闻姓字。’道士曰：‘吾终南隐士赵缘督也。’与语达旦，因授以筮法”[②]。

赵友钦还是中国古代科技史上的重要人物，其《革象新书》在光学和天文学上都有很大的贡献[③]。特别令人赞叹的是其中的实验方法，如《物理学思想史》一书即云：赵友钦“是中国古代最接近现代物理实验思想的科学家。他实验目的明确，实验条件可控，实验步骤清晰，实验结果可靠。不足的是他还没有进行定量分析。如果赵友钦的实验思想有一小部分在中国得到发扬，中国明代以后的科学可能会有更加令人瞩目的成就”[④]。赵氏绘制的石刻星图到清代还存在，康熙时梅文鼏《中西经星同异考》自序云：“余尝见元赵缘督友钦石刻图，阁道六星在河中作磬折层阶之象。”[⑤] 其著作见于载记的还有《金丹正理》《盟天录》[⑥]。

---

① 《道书全集》第 63 页上。

② 见《王文成全书》卷三十七，影印文渊阁《四库全书》第 1266 册，第 141 页。此亦证明赵友钦元末仍在世。

③ 关于这一点，很多科技史论著都有涉及，此不赘言，可参见盖建民《道教科学思想发凡》。

④ 杨仲耆、申先甲主编：《物理学思想史》，湖南教育出版社，1993 年，第 92 页。

⑤ 梅文鼏：《中西经星同异考》，影印文渊阁《四库全书》第 795 册，第 995 页。

⑥ 比如黄虞稷：《千顷堂书目》卷十六道家类，上海古籍出版社，1990 年；钱大昕：《元史 · 艺文志》子部释道类，《钱大昕全集》第五卷，江苏古籍出版社，1997 年。

六　青城至人

除了赵友钦，陈致虚还自述曾得青城至人传授，他说："予始得缘督赵公之语，虽素有志，未免迟疑。后羁旅中复拜至人，以青城至秘之文悉授无隐。"[①] 然而，此青城至人究竟为何许人呢？众多学者都认为是陈致虚假托，王沐先生说："此青城老仙迷离惝恍，恐亦为托名。"[②] 实际上，陈致虚在《金丹大要》中还是留有蛛丝马迹的。在《金丹大要》卷八《钟吕二仙庆诞仪》拜请名单的最后，紧接"缘督赵真人"之后为"谷云刘真人"[③]，而在《道藏》本《钟吕二仙庆诞仪》中更标明"度师缘督赵真人""度师谷云刘真人"[④]。可见，赵缘督和刘谷云都是陈致虚度师，且刘谷云授道当在赵友钦之后，不可能是其在紫霄观的簪戴之师。而且，"度师"指传授金丹大道的师父，有一辅证：陈氏弟子车兰谷本为九宫山出家道士，后遇陈致虚授金丹之道，他在《仙佛同源序》中就把陈致虚称为"度师"，其云："度师上阳子面授（当作"受"——笔者注）口诀，遂作《金丹大要》等书开导世人。"[⑤] 通览陈致虚的现存著述，所提及的授业师父只有赵友钦和青城至人，因此，基本可以断定青城至人即刘谷云。但是，我们能知道的青城至人的情况也仅此而已。

至此，我们可以列出一个授受图：

---

① 《道书全集》第61页上。
② 王沐：《悟真篇浅解（外三种）》，第369页。
③ 《道书全集》第99页下。
④ 《道藏》第24册，第78页下。
⑤ 《道书全集》第461页上。

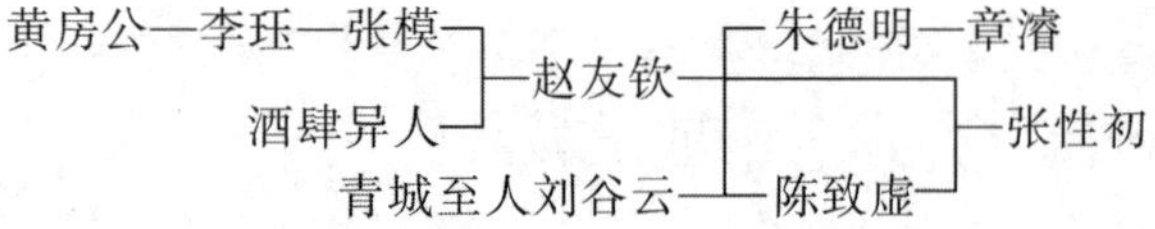

对于黄房公—陈致虚一系所属派别和所传丹法，陈铭珪通过考察陈致虚《金丹大要》的内容，指出陈致虚“乃全真道士而附会披云传丹阳金丹之学者”，其“金丹之学实出于南宗”。接着指出内丹南北宗实乃独立兴起而各自盛行于南北方，“盖其时南北隔绝，所学亦不相通”。到元代情况发生了变化，“至元世祖十六年[①]混一天下，于是北宗之学渐传而南，南宗之学亦渐传而北，故李珏、张模、赵友钦、陈致虚辈皆南人而为全真道士。然其所授受者，则实本于《悟真篇》。其云珏得宋德方金丹之道者，是时北宗张大其教，谓重阳传自纯阳、海蟾，故珏亦附会之，称传自德方也”[②]。应该说，陈铭珪对历史大环境的把握是很准确的，在这个南北混融的历史时期，势力贵盛且组织严密的北宗“收编”松散的南宗是实际存在的，南宗道士也乐得傍上北宗这棵大树，陈致虚可算是其中的代表人物。然而从细节推敲，陈铭珪的说法还有可商榷的地方。第一，他把依附宋德方说成是李珏所为，缺乏证据。从本节的分析来看，把黄房公等同于宋德方，以及“建构”马钰与宋德方的师承关系，都应该是陈致虚的“杰作”。第二，或许是以李珏自附宋德方的认识为基础，他径直称李珏、张模、赵友钦、陈致虚为全真道士。而从现有资料推测，李珏不大可能自附全真。《终南山祖庭仙真内传》卷下《白云真人》云：“辛亥（1251），宪宗皇帝嗣登大宝，颁

① 应指元世祖至元十六年，即1279年。
② 陈铭珪：《长春道教源流》，《藏外道书》第31册，第65—66页。

降圣旨，敕师（綦志远）典领陕右道门如故。壬子（1252）冬，是时西蜀未全归附，一妄人诬告道众与蜀人相通，有司率兵大加按治，道众骇散。”[①] 又姚燧撰《圆明真人高公碑铭》曰：“中统辛酉（1261），诚明（张志敬）荐之朝，制以为提点陕西兴元等路道教兼领重阳万寿宫事。……（至元）丙子（1276），天后、皇子安西王各锡黄金云罗冠服一袭，教令又益以西蜀道教。”[②] 可见，当时全真道在陕西、四川的势力范围有一个逐步扩展的过程，其提点西蜀道教自1276年高道宽始，此后提点陕西四川道教领重阳宫事乃著为定式[③]。从《仙派源流》的记述来看，李珏授张模后“入青城山，莫知所终”，故1276年时李珏很可能已经深隐或者升遐了。而且，李珏曾到武夷山区潜修，该地区当时正是南宗盛行之地，所以，毋宁说李珏与南宗有所接触。张模是否依附全真，目前尚无迹可寻。但即使是赵友钦早年，似乎也没有自附全真，他曾住大涤山修行，此山道派“曰上清，曰精思，曰南陵”[④]，没有全真的影响；且《仙佛同源》

① 《道藏》第19册，第540页下。

② 刘兆鹤、王西平编著：《重阳宫道教碑石》，第93页，三秦出版社，1998年。是碑至元十五年（1278）五月建。

③ 高道宽的继任者为李道谦，至元“十四年（1277），安西王开府陕西，得承制除拜署公提点陕西五路西蜀四川道教兼领重阳万寿宫事”。其后孙德彧于“大德己亥（1299），成宗加玺书，授陕西五路西蜀四川道教提点，领重阳宫事”。见刘兆鹤、王西平编著《重阳宫道教碑石》所收《大元崇道圣训王言碑》《天乐真人李公道行碑》《皇元孙真人道行碑》，分见该书第97—98页、第118页、第132页。

④ 邓牧：《大涤洞天记》卷上《道院》，《道藏》第18册，第144页中。此《记》沈多福序于“大德九年乙巳（1305）”，吴全节序于“至大三年（1310）”，故能够反映赵友钦在世时的情况。又据卷中《草堂》《书楼》《叶天师讲堂》《南陵》诸条，可知此山上清流派出自间丘方远，精思流派或出自叶法善，南陵流派出自许迈。卷中各条见《道藏》第18册，第152页上中。

广泛征引南宗五祖的言论，于北宗却仅引马丹阳一词①。到元末授王性常簠法时，赵友钦自称“终南隐士赵缘督”，终南为全真祖庭，故其晚年或已自附于全真。至于陈致虚，如前所论，通过与全真高道马钰、宋德方挂钩，成功地将本派“建构”为全真支脉，俨然以全真法裔自居。第三，对“南宗”一称宜有所界定。通过考辨，黄房公—陈致虚一系是出自蜀中的一个内丹派别，只能算作广义上的“南宗”。正如《中国道教史》所说，“广义的南宗内丹学，大体上顺应时代思潮，遵循北宋以来钟吕系内丹及张伯端的路线，倡性命双修，禅与内丹双融”②，并非局限于张伯端的徒裔。

这个内丹派别所传承的，是阴阳双修丹法。前引李珏、张模关于“敲竹唤龟”的对话，释“唤龟”为“礼下于人，必有所得”，双修的含义已有显露。赵友钦《仙佛同源》卷九《混俗》，更是直陈双修之意。其云：“得旨之人，虽是大彻大悟，尚未遂下手修行，则必和光混俗。其所作所为，与众无异；所知所见，与众不同。……（世人）又或者因见‘休妻不是道’及‘何须要去妻孥’之语，多疑以为邪僻所行三峰采战，绝不知夫妻双修之妙，谓之自利利他。如西山十二真君，萧史、文萧、马丹阳、庞居士辈，夫妻子女皆证仙佛是矣。及其潜修默炼，玄珠已得，圣胎已圆，然后绝俗，始效达磨之面壁，谓之抱一。自古仙佛到此境界，未有不自和光混俗来也。”③ 陈致虚所行自然也是阴阳丹法，后文将有详细讨论。

---

① 见《道书全集》第470页上。
② 卿希泰主编：《中国道教史》第三卷，四川人民出版社，1996年，第148页。
③ 《道书全集》第481—482页。

那么，青城至人刘谷云又传授了陈致虚什么东西呢？我们只能说刘谷云在“雕琢”陈致虚的过程中起到了“点睛”的作用。请看陈致虚的自述：“致虚夙荷祖宗积善，天地畀矜，游浪人间，年且四十，伏蒙我师授以正道。厥后复遇青城老师，亲传先天一炁、坎月离日金丹之旨，抽添运用火候之秘，悉授无隐。”①“至如象月出庚、阳生火候之奥，青城之训为最的而易行。”② 王沐先生据此认为“是其阴阳派丹法，以青城老仙所传最秘”③。刘谷云鼓励陈致虚阐扬教法，陈致虚说：“昔青城翁付嘱斯道于绝响之域，叮咛接济，善自护持”④，“仆之欲续道脉于一线者，谨守青城翁之训，非好为人师也”⑤。刘谷云还以拣择弟子的方法嘱咐陈致虚：“后必有王侯大人求师于子，夫道不可禁秘，又不可妄泄，孰能审之？吾有一验法，颇得其情实，今以授子，可沙里淘金去也。”⑥

第三节　陈致虚传教活动考论

陈致虚得刘谷云付授之后，即云游江南各地，开始了他的传教活动。他说：“仆自获遇至人盟授大道，即欲图就所事，而以功缘未立，用是求诸仙经，搜奇摭粹，作成《金丹大要》。书成

① 《道书全集》第7页上。
② 《道藏》第2册，第972页上。
③ 王沐：《悟真篇浅解（外三种）》，第369页。
④ 《与南阳子邓养浩》，《道书全集》第72页上。
⑤ 《与致阳子赵伯庸》，《道书全集》第73页上。
⑥ 《道藏》第2册，第972页上。

之后，不恤起处，每过名山及诸城邑，随方作缘，低首下心，开导世人，诱进此道。”① 陈致虚弟子的情况主要见于《金丹大要》卷六，其中收录了陈致虚为弟子所作的短文共21篇，涉及22人，现据以考述。

一 田至斋

田至斋，号至阳子，是陈致虚的开山弟子。《上阳子注悟真篇序》说：“仆承师授，寝食若惊，首授田侯至阳子。”②《与至阳子田至斋》又云：“仆以西行，旅寓思国。宣贰至斋田侯叩首再三，欲闻至道，经年不倦。”③ 思国即思州，元代思州的领地，“以今之地域观之，大致东起湖南永顺、保靖，西讫贵州务川、凤冈、施秉一线，北达四川酉阳（今划归重庆——笔者注），南至黔南荔波、从江，几乎占有贵州的三分之二兼及湘西之一部，地域辽阔”④。元朝开始在少数民族地区实行土司制度，思州田氏即当地土家族土司。田氏至元十四年（1277）归附，初于其地置新军万户府，屡经变动，于至元十八年（1281）升为思州宣慰司⑤。陈致虚称田至斋为“宣贰”，即宣慰副使，秩正四品⑥。又据嘉靖《思南府志》记云：“河东万胜山……宣慰弟田琦曾与道士陈志（当作“致”——笔者注）虚炼丹其上，后皆

① 《道书全集》第55页上。
② 《道藏》第2册，第972页上。
③ 《道书全集》第53页下。
④ 田敏：《土家族土司兴亡史》，民族出版社，2000年，第44页。
⑤ 关于田氏的族属及思州土司机构的沿革，详细的论证请参看田敏《土家族土司兴亡史》第一章第二节之“思州田氏族属与思州宣慰司的设置”部分。
⑥ 《元史》卷九十一《百官七》，中华书局，1976年，第8册，第2308页。

仙去。今存一石井，体制甚工。"[1] 明郭子章《黔记》云："陈致虚，号观吾，一号紫霄上阳子，尝从缘督真人赵友卿（当为"钦"——笔者注）学，受金丹妙道。遍游夜郎，至思唐与宣慰弟至阳子田琦炼丹于万圣山崖壁中，后皆仙去。编注有《金丹正理大全》数拾卷。山顶石泉至今存焉（原注：思唐，今思南府）。"[2] 可见，田至斋汉名田琦，是思州宣慰使的弟弟，这也符合土司制度通常以正官的兄弟子侄为副职的特点。《元史·泰定帝纪》云："四年（1327）十一月庚午……以思州土官田仁为思州宣慰使。"[3]《黔记》亦云：泰定四年"冬十一月庚午，田仁为思州宣慰使"[4]。从时间上看，田琦或许正是宣慰使田仁的弟弟。

关于陈致虚结识田琦的过程，乾隆《贵州通志》云："上阳子丹台，在府城东万胜山后。传有道人陈致虚号上阳子，自入笼中浮于江，遇宣慰拽笼出之，炼丹于此，炉锤至今皆存。"[5] 似为陈氏自显神通，吸引了田琦的注意。而《大成捷要·道教源流谱》云："其（陈致虚）闻道以后，欲炼无资，遍觅有缘。游至西南粤地，獠人强求其道而不得。将观吾以酒灌醉，置之鼓

① 嘉靖《思南府志》卷七《拾遗志》，《天一阁藏明代方志选刊》，上海古籍书店，1962 年，第 5—6 页。

② 郭子章：《黔记》卷五十四《方外列传》，《北京图书馆古籍珍本丛刊》，书目文献出版社，1998 年，第 43 册，第 929 页。此将陈致虚误入唐代。康熙《思南府志》、乾隆《贵州通志·仙释》思南府"陈致虚"条，内容与《黔记》大略相同。康熙志见道光《思南府续志》卷十二《摭遗》所引，贵州省图书馆据四川省图书馆藏本复制，1966 年，第 83 页。乾隆志见影印文渊阁《四库全书》第 572 册，第 163 页，此志也将陈致虚归入唐代。

③ 《元史》卷三十《泰定帝二》，第 3 册，第 683 页。

④ 郭子章：《黔记》卷一，《北京图书馆古籍珍本丛刊》第 43 册，第 22 页。

⑤ 乾隆《贵州通志》卷七，影印文渊阁《四库全书》第 571 册，第 187 页。

中，投之大洋。惊动天妃，命海神阿护，送至南滨。遇田侯奉命来祀天妃，于水中救出。问明被难之由，带回京师，助以资财，遂得了道成真。”① 从大洋、天妃、海神、京师等语观之，此说有随意演绎的成分，但陈致虚初至少数民族地区，遭受一些磨难也是有可能的。

二 王舜民

王舜民，号初阳子。陈致虚《与初阳子王冰田》云：“乙亥（1335）冬，会溢江任所，一揖次若久要，握手论心，略无宦况。仆睹其气宇高迈，骨相合仙，因缘相逢，求我丹道。遂用盟天，以青城老师金鼎火符之秘次第授之也。”② 又云：“今初阳子行年五十逾二，而闻金丹久视之道……”③ 则王舜民生于元世祖至元二十一年（1284）。此子后来成为陈致虚传教的得力干将，《仙佛同源》《金丹大要》的刊刻流布皆赖其力④。

《金丹大要》欧阳天琦序云：“茗澧冰田王公，吏隐仙材，

① 徐兆仁主编：《东方修道文库·悟道真机》，第 157—158 页。
② 《道书全集》第 54 页上。
③ 《道书全集》第 54 页下。
④ 参见《仙佛同源》陈致虚序、车兰谷序，《金丹大要》欧阳天琦序，分别见《道书全集》第 460—461、6 页。

夙深丹契。”[①] 则王舜民之职当与茶课和茶叶转运有关[②]。陈致虚《仙佛同源序》又说：“乙亥（1335）冬来九江（今江西九江），揖初阳子王冰田于任所。”[③] 则其官署在九江。据嘉靖《江西通志·九江府·公署》：“批验茶引所，在府治西湓浦门外。”[④]《嘉庆重修一统志·九江府》云：“湓水，在德化县（今江西九江县）西一里。……东经府城下，又名湓浦港。”[⑤] 大概元明榷茶机构的官署没有多大改动，所以，前引《与初阳子王冰田》又称“会湓江任所”。据《元史·食货志》，元政府于至元“十七年（1280），置榷茶都转运司于江州（即九江），总江淮、荆湖、福广之税”[⑥]。后经文宗天历二年（1329）罢省，又于“元统元年（1333）十一月，复置湖广、江西榷茶都转运司”[⑦]。所以，王舜民当为江西榷茶都转运司的官吏。虞集《榷茶运司记》云：

昔在世祖皇帝既一江南，至元十二年（1275）江州之

① 《道藏》第24册，第2页上。《道书全集》本“茗漕”作“若漕溪”，相比之下，以《道藏》本为优。因为，查《嘉庆重修一统志》，有“漕溪水”在安徽徽州府婺源县，又有“漕溪”在四川叙永直隶厅，均为溪流名，既非地名，亦非郡县名，又不出名，按古人称谓习惯，似不至于以此称人曰“漕溪某某”。所以，《道书全集》本“若”当为“茗”之讹，而衍一“溪”字。又，《道书全集》本“仙材”作“仙林”，于意不洽，也当从《道藏》本。

② 此条曾传辉已揭之，见氏著：《元代参同学——以俞琰、陈致虚为例》，第49页。

③ 《道书全集》第460页下。

④ 《四库全书存目丛书》史部，齐鲁书社，1997年，第182册，第590页。

⑤ 《嘉庆重修一统志》卷三一八《九江府一》，《四部丛刊续编》本。

⑥ 《元史》卷九十四《食货》，第8册，第2393页。

⑦ 《元史》卷九十二《百官八》，第8册，第2337页；并参卷三十八《顺帝一》，第3册，第818页。复置的年代，《钦定续文献通考·征榷考·榷茶》《钦定续文献通考·职官考》与《元史》同，作“元统元年”；虞集《榷茶运司记》《钦定续通典·食货·榷茶》作“元统二年”。

人即献茶利。明年，收其征，入中统钞千余锭。……至于今六十年，而课赋之增乃至二十八万。其设官，则十七年（1280）始立江西等处榷茶都转运使司。二十五年（1288）去榷茶字，兼领宣课。二十八年（1291）复榷茶名官。所统出茶之地则江西、湖广、河南、江浙四行省之所部，而其治在江州。……天历诏书省运司，而以其事分属列郡……元统二年（1334）复设运司于江州，总治之规率如故事，而用人益慎重矣。于是以托克托穆尔与薛公某为之使，万嘉纳①为同知，魏君某为之副，某人为判官，其幕府则经历某、知事某、照磨某也。或以风宪清强之旧，或辍朝省侍从之贵，或以操守之素，或以材智之优，是以皆能清心而省事，奉法而循理，不亟不徐，有严有恕②。

此文当作于1334年之后，与陈致虚遇王舜民的时间很接近，估计那些虞集不知其名的官吏中就有王舜民。

茶课是中央财政的重要来源之一，元代也不例外③。不法官吏乘机中饱私囊，所谓“吏贴需求，各满所欲，方能给付据引……又有分司官吏到处验户散据卖引，每引十张，除正纳官课一百二十五两外，又取中统钞二十五两，名为搭头事例钱，以为

① 万嘉纳，《钦定续文献通考·征榷考·榷茶》提及至元二年（1336）江西茶运司同知万家闾，当为一人而名有异写。

② 虞集：《道园学古录》卷三十七，《四部丛刊初编》本。

③ 关于元代茶政，参见吴英藩、魏业民：《历朝茶制考析》，《蚕桑茶叶通讯》1994年第2期；高树林：《元朝茶户酒醋户研究》，《河北学刊》1996年第1期；吕维新：《元明时期茶业经济史略（续）》，《中国茶叶加工》1997年第1期；吕维新：《元代茶税法规》，《茶叶》1997年第4期。

分司官吏馈贶之资”[①]。所以虞集特别强调了运司官员的宦德。据陈致虚所说，王舜民正是清廉之人，其云：“初阳子王舜民，伟哉大丈夫也，出入仕途且三十年。仆闻之，舜民之仕也，利不能移其心，困不能改其操，断然有守。凡所寓以‘冰田’自扁者，示无纤瑕小疵焉。”[②] 其高尚的操守，也是陈氏愿意授之以金丹大道的原因。

三　潘太初

潘太初，号一阳子。陈致虚《与一阳子潘太初》云：“比谒庐山太平宫，揖当代主人太初潘一阳，尘襟一见，欢如平生。”[③] 则潘氏为庐山太平兴国宫知宫。欧阳天琦《金丹大要序》云：“山中主席，太初提点，道林隆栋，静宇渊深，耽味重玄。”[④] 故陈致虚遇潘太初当早于天琦作序的1335年除月（十二月）。《金丹大要》的刊刻乃由他和王舜民“首唱绣梓”[⑤]。据《庐山太平兴国宫采访真君事实》，太平宫元初毁于兵燹，其云：“岁在旃蒙大渊献（即乙亥，1275），道院以兵毁。”[⑥] 入元以后，历代知

① 《钦定续文献通考》卷二十二《征榷考·榷茶》，影印文渊阁《四库全书》第626册，第525—526页；并参《钦定续通典》卷十五《食货·榷茶》，影印文渊阁《四库全书》第639册，第202页。

② 《道书全集》第54页上。

③ 《道书全集》第55页上。

④ 《道书全集》第6页上。

⑤ 同上。

⑥ 《庐山太平兴国宫采访真君事实》卷六《重建地主祠记》，《道藏》第32册，第693页上。

宫不断修复①，故陈致虚说潘太初“钊繁治剧，若不经心”②。

今见王道渊《还真集》卷下有《赠一阳子》诗云：“玄关窍里道含真，运用天机在一登。月照山头金虎啸，雷轰海底火龙升。三般大药抽添就，九转灵丹妙合凝。行满功圆神自化，玉清天上看飞腾。”③ 考《还真集》张宇初（1361—1410）序，云其曾与王道渊“会于客邸，匆遽未遑尽究”，故序末云：“尚容招黄鹤凌空而下，相与共论乎湘滨岳渚之间，未晚也。是书于编首以俟。洪武壬申（1392）夏五月，嗣天师张宇初序。”④ 则王道渊已逝于1392年以前。而且，王道渊自称“南昌修江混然子”。所以，王道渊在时代和地域上都与陈致虚相近，此处的一阳子有可能是指潘太初。

四 车兰谷

车兰谷，号碧阳子。陈致虚说：“九宫山碧阳子车兰谷，为玄门栋梁者四十余年矣。其功业设施，表表在人耳目也。卓然道眼识人，不似他人之忌才者。仆以不检，惟志于道，不免活痴自丑，贾愚自卖，既无华衣以浮饰，不能强容以求知。一揖之初，乃即深契，求我丹道，足所未闻。”⑤

① 参见《庐山太平兴国宫采访真君事实》卷六《重建地主祠记》《太平兴国宫营造记》《太平宫新庄记》等，《道藏》第32册，第692—696页。

② 《道书全集》第55页上。

③ 《道藏》第24册，第113页上。

④ 《道藏》第24册，第97页下。

⑤ 《与九宫山碧阳子车兰谷》，《道书全集》第56页下。陈致虚此文亦见于光绪《九宫山志》卷八《元（玄）空》，载《中国道观志丛刊》，江苏古籍出版社，2000年，第198—205页。

湖北九宫山位于幕阜山脉中段，是道教御制派的本山，山中钦天瑞庆宫乃御制派的主要宫观①。该派入元后继续受到统治者的重视，据车兰谷撰《真牧堂新膺龙光记》记载，“（至元）十九年壬午（1282），首蒙朝廷铸给提点所印。每岁，本宫正官诣宫致祭。……纶音叠降，税役蠲除。……住持俱系钦奉圣旨，重膺宣命。各处行中书省累次榜奉仙山，莫不尊崇。……及延祐戊午（1318），真君（指真牧真君张道清）与其徒杨真人同受加封，又蒙换给五品提点印以重此山”②。车兰谷本人即是钦天瑞庆宫的住持提点。《九宫山志》云：

> 车可诏，通山（今湖北通山）人，号兰谷，丹号碧阳子，宣授文正明道诚德法师，本宫住持提点。元季，瑞庆宫两次灾，可诏卒修复之，详欧阳元（玄）碑。可诏能诗文，有高韵，虞伯生所谓“芳兰谷口结茅屋”者是也。其学道早有得，虽主领事繁，不废内养，研精究微，参元造妙，上阳子亟称许之，羽化时九十有二③。

内中所说欧阳玄碑，即撰于顺帝至元四年（1338）的《重建钦天瑞庆宫碑》，其云：“延祐甲寅（1314），山有［又］灾，宫尽为所毁，今住山车可诏复之。垂成，至治辛酉（1321）又

① 关于御制派，参见刘嗣传：《九宫山与道教御制派》，《中国道教》2002 年第 4 期。其传派字谱并见光绪《九宫山志》卷六《纶翰》（江苏古籍出版社，2000 年，第 130 页）、《诸真宗派总簿》（李养正：《道教概说》，中华书局，1989 年，第 387 页）。

② 光绪《九宫山志》卷八《元(玄)空》，《中国道观志丛刊》，第 205—206 页。

③ 光绪《九宫山志》卷四《仙释》，第 98 页。

灾，可诏复之之志弥坚。经营十有五年，始克落成。”① 陈致虚正是在落成之际来到九宫山②，所以他赞车兰谷“功业设施，表表在人耳目”，又说“虽其主领事繁，犹能孜孜上道”③。虞集“晚年与九宫山道士车可诏善，尝招游山中，未克往，有寄车提点诗”④，其《寄九宫山提点车兰谷二首》，收在光绪《九宫山志》卷十一。

现存车兰谷的撰述，除上引《真牧堂新膺龙光记》外，尚有《黄绫记语》⑤、《仙佛同源序》。《仙佛同源序》末标：“至元丁丑（1337）中秋月嗣派徒孙碧阳子车书可讳兰谷书。”⑥ 其名“车书可”，或许是误刻所致。

五　明素蟾

明素蟾，号宗阳子，亦九宫山道士。其《金丹大要序》署“门弟子明素蟾天琮谨序”⑦，联系御制派的字谱来看，“天琮”当为其法名，比车可诏高出一辈。他素喜丹道，因仰慕白玉蟾而改名，陈致虚记：“问之曰：‘明素蟾者，其有谓乎？’曰：‘琮

① 光绪《九宫山志》卷九《艺文》，第 239 页；并见《道家金石略》，第 945 页。此碑中书左丞王懋德书丹，参知政事许有壬篆额，参见光绪《九宫山志》卷七《名迹》，第 149 页。

② 参见《金丹大要》明素蟾序，《道书全集》第 5 页。明素蟾也是九宫山道士，他遇陈致虚在“乙亥（1335）夏五”。而且，车兰谷《仙佛同源序》作于“至元丁丑（1337）”，其时已入陈氏之门，见《道书全集》第 461 页下。

③ 《道书全集》第 57 页上。

④ 光绪《九宫山志》卷七《名迹》，第 148 页。

⑤ 光绪《九宫山志》卷八《元（玄）空》，第 207 页。

⑥ 《道书全集》第 461 页下。

⑦ 《道书全集》第 5 页下。

也，每慕白玉蟾者也，故用姓以谢覆载，名以谢亲，字以谢友。明即白也，素犹玉也，故谓明素蟾云。'"①

陈致虚《与宗阳子明素蟾》云："仆登九宫山，有曰明素蟾者，自弱冠弃亲出家，敏而好学，年几而立，卓荦不群，博采雄览，谦访浩记，谈经考古，作为文章奔放横流，悦可人意。"②明氏因此自恃，十分狂傲。后又从四方来者学习丹道，"前后阅数十人，自以为必得金丹之道"，以至"俯视同辈，旁若无人"③。乙亥（1335）夏五月，际遇陈致虚，致虚见其"资禀非凡，勇锐可授"，乃因之诱之，逐渐"降其骄心，摄其狂心，去其愚心，移其疑心，正其邪心，开其道心"④，最终付嘱道妙。得诀之后，明素蟾云："今承教旨，孰知至妙至玄，最为难议者哉，始知五十八年都是错也。"⑤ 可知明素蟾时年58岁，当生于1278年。

光绪《九宫山志》将张道清弟子陈宗明等同于明素蟾，云：

> 陈宗明，丹号宗阳子，又号明素蟾，以拟白玉蟾也。初锡明素大师，旋以大礼南郊祈祷感应，补右街鉴义，主管教门公事，管辖住持。后于岳州平江县开创连云山玉清宫。绍定元年（1228）年六十六，说颂坐化⑥。

不仅派内字辈不对，而且年代相隔悬远，显然是张冠李戴。

---

① 《道书全集》第58页下。
② 《道书全集》第57页下。
③ 同上。
④ 《道书全集》第58页上。
⑤ 《道书全集》第59页上。
⑥ 光绪《九宫山志》卷四《仙释》，第91页。

六 欧阳玉渊

欧阳玉渊，号玄阳子。陈致虚云："玄阳子，庐山欧阳玉渊也。讯道于上阳子。上阳子语以天仙之道，并以长生之术而授之也。"①

七 周允中

周允中，号谷阳子，于湖（今南京市郊小丹阳）人。陈致虚云："谷阳子者，于湖周氏子也。其字曰允中，故取义曰谷。其名曰一，取义曰阳。"② 则其名周一，允中其字。他"闻恶则思去，闻善则思为"，"然其与善人交则为君子，所交非友则为常人"，所以陈致虚"乃去其所短，匡其不及，遂将坎月离日刀圭之旨盟以授之。复深告之，戒之警之，使知勤行毋忽"③。

周允中在甲戌（1334）秋与陈致虚初会于古渝（未详何处。或当为"古洪"，即今南昌），时"其行年甫留不惑"④，则生于1295年左右。"越粤明年（1335），再会溢江，首言亲老累繁，弗果行愿，此行也，欲求善地以炼还丹"⑤，陈致虚借机鼓励其及早修行。

今见欧阳玄（1273—1357）《霞外庵记》云："寿昌观周允

① 《道书全集》第59页。
② 《道书全集》第59—60页。
③ 《道书全集》第60页。
④ 《道书全集》第60页上。
⑤ 《道书全集》第60页下。

中炼师作庵，名曰霞外，谒余文记之。”① 又据雍正《江西通志》：“青华观，在庐陵县南坊廓乡。元延祐（1314—1320）间，安成寿昌观道士张天全结宇于此。”② 则寿昌观在安成（今江西吉安安福），或即周允中“求善地以炼还丹”之处。

八　欧阳玉田

欧阳玉田，号复阳子。陈致虚云：“庐山有欧阳玉田、周草窗二子，皆尚操行而清高者。玉田盖恬淡为心，机圆应物，素有志于物外，唯恐此身堕于尘笼也。故平居暇日，群而不党；处稠人广众，和而不同。以未遇真师，是拘于枯坐而已。”③ 此二人与陈致虚会于湓江而得授丹道。

九　周草窗

周草窗，号全阳子。如上所言，与欧阳玉田皆庐山人，同拜致虚门下。陈致虚云：“草窗自幼而敏锐，习于程朱事业，持己以方正，为德先孝友，主乎忠信，立其敬义，可谓君子矣。衣冠

① 欧阳玄：《圭斋文集》卷六，影印文渊阁《四库全书》第1210册，第50页。据宋濂序，知欧阳氏此集所收文章是“自辛卯（1351）至丁酉（1357）七年间作尔”，故此周允中有可能是谷阳子。

② 雍正《江西通志》卷一一二《寺观·吉安府》，影印文渊阁《四库全书》第516册，第682页。张天全乃金志扬之徒，赵宜真之师，参雍正《江西通志》卷一〇四《仙释》“赵元阳”条。所以，赵宜真《原阳子法语》卷上《纪学》云：“寿昌仙伯铁玄翁，曾于圣井师金公。归向青华开泰宇，食我法乳苏疲癃。”（《道藏》第24册，第84页上）正是记述张天全事迹。

③ 《道书全集》第61页上。

不同于俗，尤善场屋之文，此其志有未艾。”[①] 似乎此子素习理学，志于科举。由于陈致虚传承的是阴阳双修丹法，自觉与玉田和草窗平素所习有抵触，所以他根据实际情况，采取了灵活的传授方式。其云：“然二子素守如彼，若使陡闻至秘，宁免惊疑。予乃从容引喻，以渐为堤，又摘丹经中最警句而启之，复以正言而折其轻易、必其坚固、增其智慧。”然后以金丹之道授之。

这个周草窗，有学者以为即泗水潜夫周密（1232—1298）[②]。周密虽号草窗，但从生活年代看不可能师从陈致虚。今见元代张翥（1287—1368）《蜕庵集》卷四有《送草窗讲师周善京还九江太平宫》一诗，其云：“万叠匡庐紫翠开，太平宫馆即琼台。九天使者云间下，五柳先生社里来。杏树春阴浑满院，桂花凉露不盈杯。遥应鹤侣相望久，吹取楼头铁笛回。”[③] 则周草窗名周善京，为庐山太平兴国宫道士。元代另一文人成廷珪（生卒年不详）也作有《送周草窗尊师归庐山太平宫》《送周草窗归九江》二诗[④]。可见，周善京或与同时代的文人多有交往。

十 余舜申

余舜申，字观古，号心阳子，江右武宁（今江西武宁）九

---

① 《道书全集》第 61 页上。

② 如潘雨廷先生云：“又周草窗号全阳子……盖即周密，晚年国亡家破，自然易悟此道。”见氏著：《道藏书目提要》，上海古籍出版社，2003 年，第 291 页。

③ 影印文渊阁《四库全书》第 1215 册，第 70 页。

④ 成廷珪：《居竹轩诗集》卷一及卷三，影印文渊阁《四库全书》第 1216 册，第 281、338 页。《送周草窗尊师归庐山太平宫》亦见录于《庐山太平兴国宫采访真君事实》卷八，题为“送周仙师还宫”（《藏外道书》第 18 册，第 421 页），《道藏》本无之。

宫山人氏[1]。此子与陈致虚同年同月同日同时生，陈致虚云："细而询之，始知年俱上章摄提之季夏，日既同而生之时又同，甫大笑曰：'是真同年也，不免道亦相似。'"[2]

乙亥（1335）六月八日，余观古与陈致虚初会于所寓，言及丹道，致虚未即授之。"明年（1336）再会，询兹益勤"，致虚因其所执而诫之曰："金丹之大道，必先积德而后可闻，否则为之颠踣。今子饵于财利，系于计虑，殉于嗜欲，阱于嗔痴。如是而求德，诬也。如是而求道，难也。"[3] 余观古"闻而唯唯，不逆于心，发其悔爱之辞，将刈嗔痴之妄"[4]，致虚乃授以金丹之道。

十一　张性初

张性初，号西阳子，浔阳（今江西九江）人。先得赵友钦传授，并赐号"玄白"。陈致虚曰："仆因西行，复遇至人以青城所秘之道悉授无隐。今兹六稔，偶泊湓江，揖性初兄于家。"[5] 则其遇张性初大致在1335年左右。陈致虚睹其"根器清一，才德俱备；且世儒业，隐于医者，以富其德"[6]，可以付授丹道，但"犹虑其因循迟悟"，于是"黜其聪明，移其执着，发其决烈，奋其精神。冀其疾早下工，以求天上富贵"[7]。

---

① 九宫山在湖北通山县与江西武宁县之间。
② 《道书全集》第62页上。
③ 《道书全集》第62页下。
④ 同上。"刈"，据《道藏》本补。
⑤ 《道书全集》第63页上。
⑥ 同上。
⑦ 同上。

十二 徐仁寿

徐仁寿，号南阳子。陈致虚云："仆上登九宫山头，与如愚斋徐君会，仁寿其字，而号南山。如愚斋者，乃扁其所室，以见颜子终日不违之意。"[①] 此子询道"且四十年，自谓所得授受者"，然致虚观之"所遇非明师"且"疑之太过，信之不及"[②]，所以引其除去疑妄心，树立清静心，渐次导之入道。

十三 张彦文

张彦文，号南阳子。陈致虚云："南阳子张彦文，年逾不惑，时不动心。吏隐修身，以善自爱，虽刀笔间，未尝以一毫不善欺于心。日则内省而不疚，夜则修己以安仁。"[③] 看来也是个有宦德的清官。陈致虚"询其平生之得于师家者"，尽为旁蹊曲径，所幸"南阳子素有定见，权不为曲径所诱"[④]，乃授其金丹大道。今见《全元散曲》收录张彦文《〔南吕〕一枝花》[⑤]，注云"生平不详"，未知即南阳子否。

---

① 《道书全集》第 64 页下。
② 《道书全集》第 65 页上。
③ 《道书全集》第 65 页。《道书全集》此处有倒讹，据《藏外道书》第 9 册，第 72 页下正之。
④ 《道书全集》第 65 页下。
⑤ 隋树森编：《全元散曲》（下册），中华书局，1964 年，第 1325 页。

十四　李天来

李天来，号来阳子。陈致虚云："来阳子李天来求斯道于江湖者积年，虽略闻其端倪，寔未造其至秘。仆留秦淮，历历求请，孜孜不倦，乃悉以授之。"① 又勉之曰："宜厚树德，勤而行之，期于必成而后已。时有良朋霞友，如张工部、张台郎、王九江、王架阁②四公者，必将匡规而精进焉。"③

考《诸真内丹集要》④ 卷上收录有《天来子青龙歌》《天来子白虎歌》两篇⑤，视其语意当为讲述阴阳丹法，如云"学修真，混俗处，不在抛家弃妻女"⑥，即与赵友钦《仙佛同源》卷九《混俗》相类。其于丹经只推崇《参同契》《悟真篇》，批判三峰采战等旁门邪径，又有"一时火足成丹易""上德无为无所为，下德为之有以为"等语，与陈致虚一致。并且，其中牵合佛教之言，如"雪山一味好醍醐""灵山会上寻迦叶""龙女献

① 《道书全集》第 66 页上。

② 此四人盖陈致虚以其官职相称。张工部见下文，王九江与王架阁中或有一人是指初阳子王舜民。台郎乃御史台监察人员，架阁乃各级各类政府机构中的文档管理人员。关于元代御史台和架阁库，参见郝时远：《元代监察制度概述》，《元史论丛》第三辑，中华书局，1986 年；李文以：《元代监察机关架阁库述略》，《档案学研究》2002 年第 1 期；王金玉：《元代地方志中的架阁库》，《档案管理》1998 年第 2 期；所桂萍：《古代江西的档案机构》，《江西社会科学》2002 年第 8 期。

③ 《道书全集》第 66 页上。

④ 此经题"海天秋月道人玄全子集"，玄全子无考，各种《道藏》解题类著作都将此经定为元代作品。参见朱越利：《道藏分类解题》，华夏出版社，1996 年，第 329 页；［法］施舟人、［法］傅飞岚主编：《道藏通考》，第 1185—1186 页；任继愈主编：《道藏提要》，中国社会科学出版社，2005 年，第 610 页。

⑤ 《道藏》第 32 册，第 460—462 页；又见于《金丹正理大全》所收《群仙珠玉集》卷三，《道书全集》第 555—556 页。

⑥ 《道藏》第 32 册，第 461 页上。

珠明道妙”等等，亦为陈致虚常谈。尤其是《青龙歌》中所述圣凡对待酒色财气的异同，更是与陈氏《金丹大要》卷四[①]如出一辙。所以，笔者怀疑此天来子即李天来[②]。

十五　张毅夫

张毅夫，号回阳子。陈致虚云：“定斋张工部毅夫，游心高远，尚志清虚，见善勇为，推仁履义。居官三十年，未尝以贪枉欺其心。”[③] 看来也是个良宦。其自誓之词有曰：“窃位于朝，忝官三品。”[④] 查《元史·百官志》，则工部尚书秩正三品[⑤]。所以，张毅夫当时居工部尚书职。陈致虚又云：“吾友初阳子观其德纯烝裕，举高尚之事以辟之。仆寓金陵（今江苏南京），定斋揖次，勇决求进。”[⑥] 陈氏“睹其语实情真，既又旬余，察必诚

① 参《道书全集》第38—39页。

② 据《全宋词》云：萧廷之（芝）“本名挺之，字天来，号了真子，福州人。从彭耜游，耜授以《金丹大成集》”。（唐圭璋编纂，王仲闻参订，孔凡礼补辑：《全宋词》，中华书局，1997年，第2777页）但《青龙歌》《白虎歌》的作者应非萧氏。因为：第一，萧氏乃白玉蟾南宗清修丹法传人；第二，《群仙珠玉集》卷三紧接《青龙歌》《白虎歌》收录萧氏《橐籥歌》《乐道歌》《茅庐得意歌》《剑歌》，俱题“萧紫虚”，非题“天来子”（《道书全集》第556—558页）；第三，明洪自诚辑《仙佛奇踪》卷四所引天来子语出自《白虎歌》，同卷又引萧氏语，题“紫虚了真子”（《藏外道书》第32册，第499页上）；第四，“龙女献珠”为陈致虚惯用的双修密语，明王世贞以此批判陈氏侮佛，云“灵山会龙子戏珠，真摩尼宝珠也，而引以为女子之铅，是龙女于大众中市淫于世尊也”（《弇州续稿》卷一五八《书悟真篇三注后》，影印文渊阁《四库全书》第1284册，第293页）；第五，《青龙歌》云：“昔仙翁，遭配谴，邂逅杏林传释免。毗陵嗣后付泥丸，玉蟾耜祖名既建。”称彭耜为祖，或非萧氏的恰当称呼。

③ 《道书全集》第66页下。

④ 同上。

⑤ 《元史》卷八十五《百官一》，第7册，第2143页。

⑥ 《道书全集》第66页下。

坚信悋”①，乃授之。此子自谓“笃志斯事，未遇明师”，受道时“行年五十七岁”②。

今见胡助（1276—约1353）《纯白斋类稿》收有《贺张毅夫右司燕集》③，许有壬（1287—1364）《至正集》收有《题张毅夫右司所藏捕鱼图用胡紫山韵二首》④，则张毅夫又曾官右司郎中，秩正五品⑤。又据揭傒斯（1274—1344）撰《双节庙碑》云，元统元年（1333）阚文兴夫妇封谥及双节庙赐名，都是“今右司郎中张侯士弘为吏部侍郎时所力行也”⑥。可知，张毅夫当名士弘，在右司郎中任前曾官吏部侍郎。

钩稽史乘，则张士弘做过监察御史，秩正七品⑦。《元史·文宗本纪》记载，致和元年（1328）十一月庚午，监察御史萨里布哈、索诺木、于钦、张士弘等进言，被采纳⑧。雍正《江西通志》云：“屈殷，字子申，鄱阳人。……御史萨里布哈、张士弘考信群吏，嘉殷清苦，交荐其贤。”⑨ 张氏还做过浙东道肃政廉访使，秩正三品⑩。其《寿亲养老新书序》自云：

> 余家藏旧有《养老奉亲书》，其言老人食治之方、医药

① 同上。

② 同上。

③ 胡助：《纯白斋类稿》卷十五，影印文渊阁《四库全书》第1214册，第638页。

④ 许有壬：《至正集》卷二十四，影印文渊阁《四库全书》第1211册，第179页。

⑤ 《元史》卷八十五《百官一》，第2123页。

⑥ 揭傒斯：《文安集》卷十二，影印文渊阁《四库全书》第1208册，第267页。吏部侍郎，秩正四品，见《元史》卷八十五《百官一》，第7册，第2125页。

⑦ 《元史》卷八十六《百官二》，第7册，第2178页。

⑧ 《元史》卷三十二《文宗一》，第3册，第719页。

⑨ 雍正《江西通志》卷八十八《人物·饶州府二》，影印文渊阁《四库全书》第516册，第46页。

⑩ 《元史》卷八十六《百官二》，第7册，第2180页。

之法、摄养之道，靡所不载。余仿之以奉吾母范阳郡太夫人李氏，食饮起居咸得其宜，寿高八旬而甚康健，则此书有益于人子大矣。然岁月既深，卷舒之久，字画模糊，编简脱落，惧后之览者不得其说，思获善本书而新之，以贻后人。求之数载弗果得，每郁郁以为欠事。至正辛巳（1341）夏五，余叨承朝命，备员浙东宪使，访诸婺郡庠教授李子贞，得《寿亲养老书》，睹其篇帙节目，比余旧本尤加详备，昔之郁郁者一旦豁然矣。因自念曰：与其得之难，孰若传之广。遂命工锓梓于学宫，庶天下后世皆得观览，以尽事亲之道云。至正壬午（1342）中秋，范阳张士弘载拜书①。

明代方孝孺（1357—1402）撰《常山教谕王府君行状》云："张君士弘，善士也，以廉访使按部，见府君才，叹曰：'吾分得举士而王先生老于布衣，吾愧多矣。'即上其名。俄授常山儒学教谕。"② 据《行状》，王府君讳良玉，乃王祎之父，生于1290年，卒于1364年。值张士弘为廉访使之时，王良玉已年过五旬，故可称"老于布衣"。

综合上述资料，张士弘为范阳（今属北京）人，初为监察御史，1333年左右为吏部侍郎，又迁右司郎中，遇陈致虚时为工部尚书，1341年除浙东道肃政廉访使，宦海沉浮，故陈致虚记其"居官三十年"当非虚说。除了刊刻《寿亲养老新书》外，张士弘任工部尚书时还梓行《紫阳真人悟真篇三注》，并作《紫

---

① 张士弘：《寿亲养老新书序》，影印文渊阁《四库全书》第738册，第286页。

② 方孝孺：《逊志斋集》卷二十一，影印文渊阁《四库全书》第1235册，第595页。

阳真人悟真篇筌蹄》①。

王道渊《还真集》卷下有《授回阳子口诀》云："性本无修证，命乃有施为。了明此理，道凭玄牝作根基。要得谷神不死，好住西南村里，更莫起狐疑。动静分双用，下手要知时。　玩真空，调真息，运真机。铅生汞产，封闭丹炉炼紫芝。拨转银河斗柄，抽出坎中一画，直去补南离。行满功成日，飞步上天墀。"② 王道渊的情况于前文潘太初处已论，此回阳子有可能是张毅夫。

十六　夏彦文

夏彦文，号得阳子。陈致虚云："锦城（今四川成都）夏彦文，年甫半百，参学至坚，医卜百家之书莫不极致。至于道学，尤为尽心，傍门小乘，多闻博采。"③ 然而，由于未遇真师，"不二之旨未知入头处，玄牝之门未知下手"④。与陈致虚"至正辛巳（1341），会于湓浦（即九江）"⑤，则当生于1292年。致虚"见其神情高迈，骨相清新。且其江湖所得妙济丹方，逢人即能方便授受不靳，亦济人一德"，故"开其忏悔之门，去其惊疑之想，必其坚固，发其知慧"⑥，然后授之。

---

① 《道藏》第2册，第972—973页。
② 《道藏》第24册，第121页下。
③ 《道书全集》第68—69页。
④ 《道书全集》第69页上。
⑤ 同上。
⑥ 同上。

十七 赵仁卿

赵仁卿，号扶阳子。陈致虚曰：“山东濮之朝城（今属山东莘县）赵仁卿，揖予古洪（今江西南昌），案牍之暇，问仆以修身养生之道也。”① 又曰：“仆闻仁卿之从仕也，几三十年，不以一毫欺于心。其胸中之所守也，虽积金盈斗而不肯易其志，虽贵势炙人而不敢移其操……今甫属知命之年……独于养生修身之肯綮者，愿闻一二云尔。”② 可知此子素有操守，年 50 而询道于致虚。今见许有壬（1287—1364）作有《赵仁卿同知画像赞》，云：“出而踔厉，居而淳浑。积劳皈章，不缁不磷。从容悬车，矍铄八旬。逢涌之泽，各逮于禔身。兹非仕宦之老成，乡里之善人乎？”③ 或许即赞扶阳子。

十八 邓养浩

邓养浩，号南阳子。陈致虚云：“南阳子者，古洪邓氏子也。字养浩，父命名曰希孟，尝自易讳曰颐生。”④ 此子深耽于道，遇致虚之前“已尝于优昙僧言下有悟，最后于化阳翁的有所传”⑤，内炼而有小成，且于金塘、钟陵之地（在江西南昌附近）小有名气。因此自是自满，甚至自称为彭真人。致虚来豫

① 《道书全集》第 70 页。
② 《道书全集》第 70 页下。
③ 许有壬：《至正集》卷六十七，影印文渊阁《四库全书》第 1211 册，第 474 页。
④ 《道书全集》第 71 页上。
⑤ 同上。

章（今江西南昌），养浩往谒，致虚并不急于指责他“学之为狂，大错如此”[1]，而是先聆听邓氏先前所得。这样做的原因，陈致虚说：“仆之多闻其错而不敢是其错，深知其非而不敢直其非，岂仆之讷之懦之不敢也，盖欲引挽之来，将渐次以释之也。”[2] 后邓养浩与张受谦邀陈氏至家，求青城之旨，致虚乃渐次“箴其所短，挫其所狂，正其所疑，救其所失，忏其所往，直其所非”[3]，然后盟誓而授。

十九　赵伯庸

赵伯庸，号致阳子。陈致虚曰：“濮之朝城赵氏子曰伯庸，年几而立，志趣超然，读书赋诗，英迈高古，出其制作，自成一家，性理之学，《中庸》之言，若轻车熟道，浑然无留滞于胸臆者。其名中而表曰庸，抑斯之谓也。”可见，赵伯庸名中，年近三十，熟谙儒典。偶与陈致虚会于古洪（今江西南昌）之金塘，求三教同归之旨。

笔者考见时代大致相合的有两位赵中，不知是否即为致阳子。一为参修《宋史》的西台御史赵中[4]，后擢升为参知政事，与成遵同死于皇太子与太平的政治斗争，《元史·顺帝纪》云：至正十九年（1359）十二月，“皇太子憾太平忤己，以中书左丞成遵、参知政事赵中皆太平所用，使监察御史诬成遵、赵中以赃

① 《道书全集》第71页下。
② 同上。
③ 同上。
④ 见欧阳玄：《圭斋文集》卷十三《进宋史表》，影印文渊阁《四库全书》第1210册，第148页。

罪，杖杀之”[①]。一为岚州知州赵中，雍正《山西通志》云：“元重修灵渊侯庙碑，在大万山。至正二十八年（1368），岚州镇御、奉训大夫、同签将作院事兼达噜噶齐拜布哈，大中大夫、同签河南枢密院事兼知州赵中树碑，岚州学正王安良撰文。”[②]

二十　韩国仪

韩国仪，号义阳子。陈致虚云：“汴之韩氏子曰国仪者，数问道妙，往复不倦。睹其神壮气裕，情淡谊高，刬剧若恬，接人以简，志趣超然物外，襟怀浑如闲中，时尽优游，年方英锐，斯其可以语上也。”[③] 故以金丹之道授之。

许有壬（1287—1364）作《题韩国仪图谱》，题下夹注云：“亿之后也，当时称桐树韩家，以别相州。韩国仪今居豫章（今江西南昌）东湖。”诗云：“宋朝文献跨隆古，美盛更推韩世家。断简一编三百载，东湖桐树又能华。”[④] 据《宋史·韩亿传》云：“韩亿字宗魏，其先真定灵寿（今河北灵寿）人，徙开封之雍丘（今河南杞县）。”[⑤] 故陈致虚称韩国仪为“汴之韩氏子”。“桐树”之典，吴曾《能改斋漫录》记云：“韩子华兄弟皆为宰相。门有梧桐，京师人以桐木韩家呼之，以别魏公也。子华下世，陆农师为

---

① 《元史》卷四十五《顺帝八》，第4册，第949页；并参《元史》卷一四〇《太平传》，第11册，第3370页；卷一八六《成遵传》，第14册，第4282页。

② 雍正《山西通志》卷五十七《古迹》，影印文渊阁《四库全书》第544册，第20页。

③ 《道书全集》第74页下。《道书全集》本《与致阳子赵伯庸》《与义阳子韩国仪》两篇有错板，据《藏外道书》本可正。

④ 许有壬：《至正集》卷二十三，影印文渊阁《四库全书》第1211册，第171页。

⑤ 《宋史》卷三一五《韩亿传》，第29册，第10297页。

作挽章云：‘棠棣行中排宰相，梧桐名上识韩家。’”① 子华即韩亿子韩绛②。由此观之，韩国仪乃名门之后。

二十一　真息

真息，号真阳子。陈致虚云：“癸未（1343）人日（正月初七），予将深隐梅山，有自号真息者特来访道。自叙为哈剌鲁之裔，奉议公之子也。行年二十有二，蚤岁即慕斯道，竟莫得究其说，迩有何生善者与谈兹事，且使之来求我太易之道。”③ 则真息生于1322年，22岁求道于陈致虚。陈氏睹其“以正心诚意为先，以穷理尽性为急，情真语简，好笃志坚”④，乃以太易坎离之道授之。哈剌鲁为真息族属，杨志玖先生云：

> 哈剌鲁即唐代的葛逻禄，突厥诸部之一。最初住在北庭西北、金山之西（今新疆准噶尔盆地），其后徙西突厥十姓可汗故地，尽有碎叶（今托克玛克）、怛逻斯（今江布尔）诸城（《新唐书》卷二一七《回鹘传》）。9世纪中叶，回鹘为黠戛斯所破，一部分回鹘人迁到这里，与哈剌鲁人共建了哈喇汗王朝。10世纪中叶信奉了伊斯兰教。成吉思汗即位六年（1211）时，哈剌鲁国主阿儿思兰汗降附，成吉思汗以女妻之，后随蒙古军来到中国。元朝也有为数很多的哈剌鲁人。由于他们的名字多半是突厥或蒙古名称，又以哈剌鲁

① 吴曾：《能改斋漫录》卷十一，影印文渊阁《四库全书》第850册，第709页。
② 见《宋史》卷三一五《韩绛传》，第29册，第10301页。
③ 《道书全集》第76页上。
④ 同上。

称其族名，因此从表面上看不出他们与回回人及伊斯兰教的联系，但他们之为伊斯兰教徒是肯定无疑的①。

可见，真息其名或为音写，此子为伊斯兰教徒而探询金丹之道②。

二十二　陶唐佐

陶唐佐，号东阳子。陈致虚云："江东之东莞（今广东东莞）唐佐陶氏者，曰东阳子，以颖锐志，求还丹方，投老未得真师。行年甫逾七袠，参师匪怠，寝食不安，久而弥坚，信而逾笃。"③ 至正癸未（1343）四月，因田亨父引见，以七十高龄谒拜致虚于鹤儿山（在安徽芜湖），求青城翁之玄。陈致虚考察以后，盟誓而授九还之道。

今见贡师泰（1298—1362）作有《秋日与陶唐佐游麻姑万松庵》④、《同唐佐尧尊师游麻姑万松庵，谒石佛祠，将登绝顶寻丹炉剑匣故迹，山高日莫，怅然空归，因赋三绝句》⑤，据此，

① 杨志玖：《关于元代回族史的几个问题》，《元史论丛》第四辑，中华书局，1992 年，第 4 页。关于哈剌鲁，还可参见屠寄：《蒙兀儿史记》，台湾鼎文书局，1983 年，第 3951—3958 页；杨志玖：《元代回族史稿》，南开大学出版社，2003 年；杨志玖：《元史曲枢传补正》，《宁夏社会科学》1989 年第 1 期；杨志玖：《阿儿思兰汗家族事迹杂考》，《元史论丛》第五辑，中国社会科学出版社，1993 年；杨富学：《元代哈剌鲁人伯颜宗道新史料》，《新疆大学学报》（社会科学版）2001 年第 3 期；马娟：《元代哈剌鲁人老的沙述略》，《回族研究》2005 年第 2 期；等等。

② 关于元代西域基督教、回回教、佛教、摩尼教世家之人儒归道，参见陈垣：《元西域人华化考》，上海古籍出版社，2000 年。真息之例，可补此论。

③ 《道书全集》第 77 页上。

④ 贡师泰：《玩斋集》卷五，影印文渊阁《四库全书》第 1215 册，第 578 页。麻姑山在江西南城县。

⑤ 贡师泰：《玩斋集·拾遗》，影印文渊阁《四库全书》第 1215 册，第 724 页。

则东阳子陶唐佐或名尧，与贡师泰交好。

二十三　其他

除上述22人以外，《金丹大要》卷五收有《与定阳子》一诗，其云："今子年才二十四，便把养生早究竟。我本天地大闲人，子乃推心加我敬。我有一窍不死方，更有一把长生柄。……睹子盟誓既非轻，他人不如我同姓。"① 可知此定阳子或姓陈，年24而求道于致虚。

为《金丹大要》作序的欧阳天琦，序末署"门弟子庐山紫元欧阳天琦拜首序"②，则其为陈氏弟子无疑。序曰："区区寄迹紫元，留心玄览，种缘已熟，获聆绪余……当斯之时，至愿毕矣。"③ 则紫元乃其栖留之地。大德九年（1305）姚燧所作《太平宫新庄记》记载，当时知宫汤均扩充田产，又"肇为五庵。宫之前三，曰东西太平与紫元；宫之后二，曰涌翠、谷峰"④。可见紫元庵为太平兴国宫别院。

还有一王祥翁，致虚虽未明言王祥翁乃其弟子，但实有所授受。其云："予过荆南（鄂西南荆州一带），逢一伟器，祥翁道人，自叙往者访谒禅林，深得其趣。询之，乃应庵之裔也。"应庵即宋代禅僧应庵昙华。祥翁之师瞎翁授之以明心见性之道，祥

① 《道书全集》第51页下。

② 《道书全集》第6页上。这个欧阳天琦，笔者怀疑就是前述欧阳玉渊和欧阳玉田其中一位，可惜没有确切的证据，所以还是单列于此。如果推测成立，则更可能是欧阳玉渊，因为"琦"乃玉名，而天、渊相对，符合古人取字的习惯。

③ 《道书全集》第6页上。

④ 《庐山太平兴国宫采访真君事实》卷六，《道藏》第32册，第696页上；并见《道家金石略》第1138页。

翁复请益于致虚。陈致虚说："祥翁自倮倮洒洒而来，蕴利根智……而惟独一无侣，二六时中认主人翁，以此自照。此来请益，求脚跟转处一句。乃为普说倮倮洒洒之真谛，使祥翁权以金刚为体，实以涅槃为用。净倮倮作大狮子吼，赤洒洒奋雄虎势。得了便住，遇缘即宗，然后悬崖撒手，大休歇去。"① 此则陈氏认为王祥翁已经认取本来真性，但却"独一无侣"，孤修自证，便以其禅修炼己功夫为基础，授之以金丹大道。

陈致虚还提及他的一位朋友，此处一并述之。九宫山钦天瑞庆宫罗洞云，年72岁，筑交泰庵。陈致虚云："仆留古洪，适会其徒庭章，因得聆起居状，且征吾言以记之。"② 此言即为《九宫山交泰庵记》③，其中说："近来天师主教大真人广求人材以艳名山福地，于是泰庵复有玉隆之命。"④ 则罗洞云又曾提点净明祖庭西山玉隆万寿宫⑤。光绪《九宫山志》云：

> 罗希注，字景山，号洞云，道号弥边先生。建交泰庵，与其徒谈《易》，依先天乾坤后天离坎、先天坎离后天震兑之位，证泰、互、归妹以明生生不息之义。元世祖征聘江南高士，希注应诏赴阙。年老而颜犹童。玺书累降，令兴复西

① 《道书全集》第107—108页。

② 《道书全集》第67页下。

③ 《道书全集》第67—68页。在光绪《九宫山志》卷八《元（玄）空》中，此记被割截为三段，依次为：罗希注《交泰庵说示车可诏》、陈致虚《交泰庵记》、陈致虚《与罗洞云书》。本书仍据《道书全集》。

④ 《道书全集》第67页下。

⑤ 有学者指出，其时净明祖庭西山玉隆万寿宫由正一道及其支派玄教把持，许多玄教弟子相继提点过玉隆万寿宫。参见郭武：《〈净明忠孝全书〉研究——以宋、元社会为背景的考察》，第68、108—109页。罗洞云由天师任命，也可以帮助说明这一点。

山玉隆。上阳子陈至（当为“致”——笔者注）虚为《交泰庵记》，并贻以书，名重一时[①]。

对于罗希注应诏赴京一事，车可诏云：“（至元）二十三年丙戌（1286），集贤学士、知御台事、通事舍人帖木尔不花，赍圣旨宣唤徒孙罗希注驰驿赴阙，承应符法。希注亦守家传之秘，阐化于朝。”[②] 这一待就是六年，陈致虚说：“六稔京畿，略无坎壈，山中阡陌，赖以晏然。”[③] 在京期间，罗希注结识了赵孟頫，并请作《重建钦天瑞庆宫碑》。赵孟頫说：“至元丁亥（1287），孟頫奉诏赴阙，始识法师罗君于京师，而又与余同邸舍居。久之，以记为请。辞不得，乃叙其事而记之。”[④]

总的来讲，陈致虚的传教活动是卓有成效的，他自己在《仙佛同源序》中说：“后遇老师示沙里淘金之训，自尔传者，百有余人，无非炼己修心之说，或进以明心见性之机。至于金丹上乘，可示者百无二三。”[⑤] 此序虽未标明时间，但与同书车兰谷序一样都是为王舜民刊刻《仙佛同源》而作，车序标“至元丁丑（1337）中秋月”[⑥]，陈序亦当去此不远。可见，此时陈致虚已经授徒百余人。而据目前所见，陈氏至少在1343年仍有传授，所以，其一生授徒的数量是非常大的。在这么多徒裔中，各

---

① 光绪《九宫山志》卷四《仙释》，第97页。

② 车可诏：《真牧堂新膺龙光记》，光绪《九宫山志》卷八《元（玄）空》，第205—206页。

③ 《道书全集》第68页上。

④ 光绪《九宫山志》卷九《艺文》，第236页。又见《道家金石略》第868页。此碑集贤学士程钜夫书丹，兵部侍郎赵时献篆额，参见光绪《九宫山志》卷七《名迹》，第147—148页。

⑤ 《道书全集》第460页下。

⑥ 《道书全集》第461页下。

人得授的内容有着深浅的差别，而前述二十余人既为陈氏所提及，当是其中的佼佼者。

综合陈致虚的传教活动来看，有以下几点值得注意。第一，他采取积极主动的传教方式，惟愿世人皆明金丹大道。其云："嗟夫！金丹一事，自长春老仙庆会之后，真仙圣师不肯降世者百有余年，凡今之士，直以为无。若即自善于身，则于功行何在，乃作《金丹大要》十卷。书成之后，又虑世人非得口传，宁有自悟，遂用携书竭蹶，屈己求人，稍有可招可挈者，莫不低首俯身，奖辞劝诲，冀进此道。……其间可入门者则引之而升阶，可升阶者则引之而升堂，可升堂者则引之而入室。凡用心至于如此者，欲续大道于一线，提俗流于火坑，使世知有金丹之道不诬也。"① 此以传续大道、拯俗救世自任，隐然有比于丘处机之意。陈氏弟子也多赞许他这种普度情怀，明素蟾云："我师上阳真人驾拯溺之慈航，仗斩邪之慧剑，绍隆丹阳正传之脉，发泄清［青］城至秘之文，明前代之所未明，说古人所未说，推赤心于人腹，垂青眼于学徒……体堂堂说透骨髓，血滴滴吐出肺肝，恨不与法界众生尽皆作大罗眷属，其慈仁忠厚盛德之至乃如此。"② 欧阳天琦亦云："紫霄绛宫上阳先生继真师之绝响，指后学之迷津，千载一时，百年几见。……诚欲与有志者原始要终，心灵自悟，一得永得，同跻仙阼，其慈悯之心亦溥矣。"③ 第二，他深入少数民族地区传教，又收有少数民族弟子④。据陈氏自

① 《道书全集》第 61 页上。
② 《道书全集》第 5 页下。
③ 《道书全集》第 6 页上。
④ 此条曾传辉已揭之，见氏著：《元代参同学——以俞琰、陈致虚为例》，第 51 页。

述，他在传道过程中，“遍游夜郎、邛水、沅芷、辰阳、荆南、二鄂、长沙、庐阜、江之东西，凡授百余人”[1]。其中，夜郎、邛水在今贵州省东北，沅芷、辰阳在今湖南省西部，荆南在今湖北省西南，这片区域在元代基本上都为土家族、苗族、侗族土司控制[2]，今天仍然是土家族、苗族、侗族聚居的自治州县，比如，印江土家族苗族自治县、松桃苗族自治县、麻阳苗族自治县、新晃侗族自治县、湘西土家族苗族自治州等等。陈氏大弟子田琦即为土家族人，而真息为回族人。第三，他传道授徒首重道德品行，考察严格，又能够根据各人的情况采取灵活的方式。这一点前文已经谈得比较多了，比如，对几个官宦弟子的吏德的强调，对张性初、夏彦文医方济人之德的强调，对明素蟾、邓养浩骄狂之气的降伏，等等。第四，其弟子有道有俗，从地位上看，既有官宦权贵，如田琦、王舜民、张毅夫、真息等；也有宫观提点，如潘太初、车兰谷。从年龄上看，有很多弟子都年长于陈氏。这不仅说明其传教活动很有效果，也反映了其丹道思想在道教内外都具有相当大的影响。

至于陈致虚的徒众是否结成了什么派别和组织，目前尚不能确知。从现有资料来看，车兰谷为赵友钦《仙佛同源》作序，落款称“嗣派徒孙碧阳子”[3]，但单凭“嗣派”一词并不能确定存在着有掌门制度的教派组织，比如宋德方就自称“嗣教东莱披云子”[4]，却不曾担任过全真掌教。从《金丹大要》卷八《钟

① 《道藏》第2册，第972页上。
② 参见田敏：《土家族土司兴亡史》第一章，民族出版社，2000年。
③ 《道书全集》第461页下。
④ 《鸣鹤余音》卷九《七真禅赞并叙》，《道藏》第24册，第309页下。

吕二仙庆诞仪》[1] 来看，其拟定醮仪并罗列本派祖师的拜请名单，似乎有传系的存在，但现存文献并不能考见陈氏弟子有传授活动，仅光绪《九宫山志》记载了可诏弟子黄守逸[2]，但也未言有丹道授受。

第四节 陈致虚著述考辨

在同时代的内丹家里面，陈致虚的著述是比较多的。《百川书志》卷十一“神仙类”著录“《金丹大要》十卷，元紫霄绛宫上阳子观吾陈致虚撰”[3]。《千顷堂书目》卷十六“道家类”著录《参同契注》三卷，又《金丹大要》十卷[4]。钱大昕《元史·艺文志》子部释道类著录有：《参同契分章注》三卷，《悟真篇三注》五卷，《度人经注》三卷，《金丹大要》十六卷，《金丹大要图》一卷，《金丹大要仙派》一卷，《列仙志》一卷[5]。《金毓黻手定本文溯阁〈四库全书〉提要》还说道：“尝著《上阳子》二十篇，见于《永乐大典》丹字韵中。”[6] 可惜现存《永乐大典》内已佚失不见，无法查考。此外，陈致虚尚注有《道德经》《金刚经》[7]。现《金丹大要》中有《道德经序》

① 《道书全集》第 99—102 页。

② 光绪《九宫山志》卷四《仙释》，第 99—100 页。

③ 高儒等著：《百川书志　古今书刻》，古典文学出版社，1957 年，第 162 页。

④ 黄虞稷：《千顷堂书目》，上海古籍出版社，1990 年，第 439 页。

⑤ 钱大昕：《元史·艺文志》，见《钱大昕全集》第五卷，第 56 页。

⑥ 金毓黻辑：《金毓黻手定本文溯阁〈四库全书〉提要》上册，中华全国图书馆文献缩微复制中心，1999 年，第 654 页。

⑦ 参陈致虚：《度人经注序》，《道藏》第 2 册，第 393 页下。

《道可道章解》《道德经转语》三章，其于《道德经序》中指出："并得（赵友钦）所解《道德经》，焚香启视"①，"师授是经，俾之（指陈致虚）续其言外之意"②，于是"今遵师训，因并释之，每章就下转语"③。可见，其所注《道德经》分为注释和转语两部分。注释部分现今残存《道可道章解》，另在《金丹大要》卷三有对《致虚极章》的详细解释④，应该是出自注释部分，转语部分则全部收入《金丹大要》卷五。而《金刚经》注本今已不存。考《增订四库简明目录标注》子部道家类"《悟真篇注疏》"条下"续录"著录："《悟真刊伪集》三卷，伯端撰，陈致虚、薛道光刊误。"⑤ 此陈致虚、薛道光同题，估计就是《悟真篇三注》。另外，傅金铨在《外金丹》卷三中收录有《上阳祖师火龙诀》⑥，但考虑到陈致虚对外丹烧炼的态度⑦，而且此

① 《道书全集》第11页下。陈致虚在《九宫山交泰庵记》中引用赵友钦所解《道德经》："老子曰：'执大象，天下往。往而不害，安平泰。'我师释之曰：'执者，有之在己。内丹已成，婴儿渐大，隐显灵变，莫测神通，出入安居平易，泰然自得，无所不通。'"（《道书全集》第68页下）可见他也是从丹道角度阐发《道德经》的。

② 《道书全集》第12页下。

③ 《道书全集》第13页上。

④ 《道书全集》第29页。《致虚极章》之章目，根据《道德经转语》，见《道书全集》第45页上。

⑤ 邵懿辰撰，邵章续录：《增订四库简明目录标注》，中华书局，1963年，第629页。

⑥ 《藏外道书》第11册，第159—162页。傅金铨所谓"上阳祖师"应当就是指陈致虚，因为，其《顶批三注悟真篇》在陈致虚序后注云："上阳子姓陈，名致虚，字观吾。"（《藏外道书》第11册，第795页下）又在《一贯真机易简录》卷一《总论》中列举地元丹经时，径称"上阳子《火龙诀》"（《藏外道书》第11册，第413页下）。

⑦ 如《判惑歌》云："或炼三黄及四神，或炼五金并八石……不知还丹本无质，翻饵金石何大愚。"（《道书全集》第40页下）又如《周易参同契分章注》云："有辈愚人，每睹是书，不察阴阳真金体用，乃猜为烧炼炉火等事，惜哉！昧哉！"（《藏外道书》第9册，第235页上）

诀又不见于他处著录，故暂且存疑。

从陈致虚现存于《道藏》《藏外道书》的四部著述来看，《金丹大要》是其处女作。他说：“仆自获遇至人盟授大道，即欲图就所事，而以功缘未立，用是求诸仙经，搜奇摭粹，作成《金丹大要》。”[①] 该书自序作于至顺辛未（1331）中秋，其主体部分当于是时完成[②]。接下来是《度人经注》，其自序中说：“仆以缘遇师真授以金液大还火符之秘，欲与世人尽谙此道，乃注《道德经》《金刚经》，述《金丹大要》，既而参以道用、世法分注此经。”[③] 此序作于至元丙子（1336）中秋[④]。第三部著作应该是《悟真篇注》。考《悟真篇注》陈序说：自得青城翁沙里淘金之训后，陈致虚首授田至斋，然后游历江南各地，凡授百余人，“皆只以道全形之旨，至于以术延命之秘，可语者百无二三”[⑤]。然而，在《仙佛同源序》中，紧接同样的感慨之后，他说：“乙亥（1335）冬来九江，揖初阳子王冰田于任所。……首以炼己修心告之。明年，授以明心见性之旨。察其信受超乎凡俗，复以金丹上乘之道晓之。”[⑥] 前文空自感叹，后文即称发现王舜民这一“大器”，似乎《悟真篇注》成于1335年之前。如果真是这样，那仅一年之隔的《度人经注序》为何独不言《悟

① 《道书全集》第55页上。

② 此书肯定经过增补。如《与真阳子》《与东阳子》皆出现至正癸未（1343）之事，为书中所见最晚的时限。但自序中已有对各卷内容的具体描述，所以主体应成于1331年。

③ 《道藏》第2册，第393页下。

④ 此注也当经过修订。注文有云：“至元三年丁丑（1337），日躔箕八度。”（《道藏》第2册，第428页中）晚于作序的1336年。

⑤ 《道藏》第2册，第972页上中。

⑥ 《道书全集》第460页下。

真篇注》？因此，笔者认为《悟真篇注》应紧接《度人经注》而作，只是此时陈致虚尚未以金丹上乘之道授王舜民，故仍空自感叹。且据上一节所论，其《仙佛同源序》应该作于1337年，《悟真篇注序》与之有大略相同的表述，或许写作时间也相近。《参同契注》当为其现存最晚的一部著作。考其对《自叙启后章》的注释，其中“刃利”“育帝”“八骞”“洞章”“九都”“龙汉”“瑛鲜”“给君”等都出自《度人经》，此处乃直接用以表述内丹含义，当是建立在《度人经注》对这些词汇的详细注解的基础上。此外，其注《关键三宝章》云：“此章详明炼丹入室之密旨。”① 又曰：“予往昔得师之旨，此段以为甚难，近从大罗山之阴行此大功，始觉易也。”② 而在《悟真篇注》中，却言：“贫者患无财，有财患无地，有地患无物，有物患无侣。……‘着意寻’者，先聚法财而后择地……若不得其善地，则人见之而不可用也。仆向未入室之先，不甚注意于此，及至入室之际，兢兢着意寻择，方知多有难能之事，甚费苦辛。”③ 可见，作《悟真篇注》时，陈致虚尚汲汲于寻择善地；到作《参同契注》之时，则已入室而完功。下面就依次来看这四部著述的情况。

一　《金丹大要》的相关情况

《金丹大要》现在能见到两个本子，《道藏》所收十六卷本和《金丹正理大全》所收十卷本。后者见于《藏外道书》第9

① 《藏外道书》第9册，第255页上。
② 《藏外道书》第9册，第256页上。
③ 《道藏》第2册，第985页下。

册、《道书全集》、《四库全书存目丛书》子部第259册。考《金丹大要序》云："是此《金丹大要》十卷。首卷虚无三章，以象三才；二卷上药一章，以体法身；三卷妙用九章，以证九还；四卷须知七章，以验七返；五卷积功诗歌，以分邪正；六卷累行序说，使无著象；七卷发真问答，接引群生；八卷修真图像，示可印证；九卷越格拟古，最上一乘；十卷超宗酌古，见性成佛。"① 所以此书应为十卷。今《道藏》本乃将前七卷各分为二，加九、十两卷而为十六卷，却将第八卷析为《金丹大要图》《金丹大要仙派》《金丹大要列仙志》各一卷。不单如此，《道藏》本在内容上也有缺失。根据陈氏自序，《妙用卷第三》应该有九章，《道藏》本仅存七章。查对《金丹正理大全》本（下称《大全》本），则其《采取妙用章第四》脱"夫专心致志，惟只一时之中"到"六根大定，大用现前"一段，《火候妙用章第六》"当知己汞常要充满"以下全脱，《还丹妙用章第七》全脱，《颠倒妙用章第八》从标题到"其火岂能就下哉。正阳"脱去，导致《火候妙用章》前半部分与《颠倒妙用章》后半部分合为一章，故仅余七章。又《道藏》本《积功卷第五》脱《金丹五事》和《与定阳子》两章，共26首诗歌。《累行卷第六》少《与谷阳子周允中》《与西阳子张性初》《与南阳子徐仁寿》《与南阳子张彦文》《与来阳子李天来》《与回阳子张工部》《九宫山交泰庵记》《与得阳子夏彦文》《与扶阳子赵仁卿》《与南阳子邓养浩》《与致阳子赵伯庸》《与义阳子韩国仪》《与真阳子》《与东阳子》共14篇文章。《道藏》本《列仙志》脱东华帝君、正阳帝

① 《道书全集》第10页上。

君、纯阳帝君、海蟾帝君、重阳帝君五位祖师绘像及各对应的符一枚。《道藏》本《仙派》“后圣玄元太上老子”后脱去佛道二教得道先圣 54 人，其中包括与北七真相对应的南七真。对于《大全》本《累行卷第六》多出的 14 篇文章，有很多都出自陈氏自序所标 1331 年之后，甚至出于明素蟾、欧阳天铸至元改元（1335）所作刊刻本序言之后，显然为后来所增补。但是，这并不能说明没有收录这些文章的《道藏》本就是原本。因为，《大全》本《与谷阳子周允中》应作于 1335 年[①]，却不见于《道藏》本。而且，《道藏》本所存《与心阳子余观古》当作于 1336 年以后[②]，也晚于 1335 年刊刻序。所以，《大全》本虽然经过后来增补，但《道藏》本亦非原貌，实属遗脱。总之，《道藏》本乃是一种残本，因而本书以《道书全集》本为准。另外，《道藏》所收《修炼须知》[③] 是节取《金丹大要》卷四而成，但遗漏了《脱胎换鼎》一节。

二　《度人经注》的相关情况

《度人经注》三卷，见收于《道藏》第 2 册。此注从道用、世法两个层面来阐释灵宝派经典《度人经》。其曰：“道用者，依之修行而登仙；世法者，精勤诵念而求福。”[④] 由此可知，道

① 其中说：“甲戌（1334）秋古渝之会也，越粤明年（1335），再会湓江。”见《道书全集》第 60 页下。

② 其中提到：“岁纪乙亥（1335）六月八日……会于所寓……明年（1336）再会，询兹益勤。”见《道藏》第 24 册，第 48 页中下。

③ 《道藏》第 24 册，第 142—149 页。

④ 《道藏》第 2 册，第 394 页中。

用阐释乃是金丹上乘之道，世法阐释乃为求神护佑者而作。陈致虚认为读《度人经》不应停留于诵念求福的层次，他认为“山间林下，城邑智人，既知诵念此经，宜求经中有金丹永世之捷径者。盖太上以灵宝之道而度人者，直欲世人行此道也。果能进修勤行，则上游上清无色之境，梵行必矣”[①]。可见，发现经中的金丹妙旨，精勤修炼以超脱三界才是陈氏所赞许的。这与《金丹大要》的思想一脉相承。《金丹大要》中说：“盖今世人只是看经却不观经。圣贤仙佛留下经书，要引世人皆为圣贤仙佛。一切常人不明其意，朝念暮诵以为祈祷，更不于中究竟生死一件实事，抑何愚哉！”[②]《度人经注序》又说：“自政和御注，继以薛幽栖、严东启（“启”字当衍）、成玄英、李少微诸家注释。又宝庆初萧观复述《度人内义丹旨》，是皆研心究竟者也。”[③] 陈致虚的世法阐释源自薛、严、成、李四家注及青元真人注文[④]，道用阐释则主要参考了萧应叟《度人经内义》（简称《内义》）。

《度人经注》共三卷，丹道思想主要集中在卷上，或者说卷上的道用阐释已经形成体系；卷中以世法阐释居多，道用阐释只是对卷上思想的延续；卷下则主要是对佶屈聱牙的《灵书中篇》的导读。然而，正是在卷上，陈致虚大量引用了《内义》，现在按陈致虚对《度人经》的分段来具体查看：

---

① 《道藏》第 2 册，第 393—394 页。

② 《道书全集》第 12 页上。

③ 《道藏》第 2 册，第 393 页下。

④ 参见陈景元集：《元始无量度人上品妙经四注》，《道藏》第 2 册，第 187—250 页；东海青元真人注、清河老人颂、净明道子郭冈凤参校并赞：《元始无量度人上品妙经注》，《道藏》第 2 册，第 250—292 页。青元真人注并非纯然为世法阐释，其中已经表现出内修的倾向，陈致虚直接引用此注达 13 处，有几条明显是用于道用阐释。

段落	引用内容	在道用阐释中所占比例
第一段	《内义》曰："大浮黎土"，示人造化之端……故曰"土皆作碧玉，无有异色"也。	95%以上
第二段	以道用言："元始天尊"，元神也。……神之御炁，心以为师（"师"当为"狮"），得非天尊道相乎？ 《内义》曰："鸟兽含胎"者，砂含汞质……故云"皆受护度，咸得长生"。	55%左右
第三段	《内义》曰：得之者知其神而爱之……修行之人，先当屏绝。 昔紫微元君与茅真君校勘天下真仙得失之事……故曰"预有志心"。 又：此段中如"'十'者，是天地生成之数""'男女倾心归仰'是阴阳二炁混合"等引起陈致虚阐发的根本也出自《内义》。	50%左右
第四段	《内义》曰："万帝设礼"者，庄子所谓澹然无极而众美从之……被我制伏，护我修行，故曰"稽首"也。 《内义》曰：金丹之要，全在精勤调燮。……非可以名言思议。 又：此段以药之内名释"内名隐韵""魔王内讳"也来自《内义》。	90%左右
第五段	"十过"者，则十月之理。……则功满德就，飞升金阙，游宴玉京，真不虚也。 以道用释："经"者，祖气也。……保护受经，圆成大丹也。	90%左右

段　落	引　用　内　容	在道用阐释中所占比例
第六段	《内义》曰："正月"属寅，修丹采药以寅申为起伏之候。……得不谓之"断地逮役，度上南宫"乎？ "七月"属申，乃阳伏之候……故曰"诸天书名，黄箓白简，削死上生"也。 《内义》曰：采药足备，铸鼎圆成……一如经之谓矣。 "八节"，八卦也。……此其所以为九宫真人也。 《内义》曰：若火候毕，行脱胎神化之道……况诵经行道而精进者乎？	95%以上
第七段	此段之释本于《内义》"万法皆有内外事"之旨，而言"外行道"（世法）与"内行道"（道用）。	几乎没有

由此可见，《度人经注》卷上除第七段之外，原封不动地搬用《内义》的文字占其道用阐释的75%以上。从这个意义上，可以说陈致虚照搬了萧应叟的思想。关于萧应叟其人，曾召南先生《试析〈度人经内义〉的内丹思想》[①] 和张广保先生《唐宋内丹道教》[②] 第十章有详细考述。萧应叟，号观复子。据《内义》卷首"上表"末署宝庆二年（1226）七月，可知其为南宋宁、理宗时人。据所署道职"上清大洞玄都三景法师"，则其可能为茅山派道士。另外，许明道所撰《还丹秘诀养赤子神方》书末"修真传派"[③] 中，透露了萧应叟内丹思想的由来。该"传派"为：张天罡（字子正，蜀人）—彭梦蘧（字伯玉，蜀

① 载《道韵》第五辑《金丹派南宗（甲）》。
② 张广保：《唐宋内丹道教》，上海文化出版社，2001年，第352—355页。
③ 《道藏》第4册，第333页中。

人）—萧应叟（字润清，三山人）—许子微（字明道，山西人[①]）—林元鼎（字正夫，三山人）。此派大概为流出于蜀中的一个内丹南宗小支派，萧应叟应该兼承上清和南宗传法，这是他能够以内丹思想阐释《度人经》的原因，也是陈致虚能接受并搬用其内丹思想的原因。在上面这个传派谱系中，能够确定关系的只有彭梦蘧与许明道、萧应叟与林元鼎两对师徒。前者见于《还丹秘诀养赤子神方》自序："仆昨自淳熙（1174—1189）年间出游方外，遍参高人，慕久视长生之道。偶经由襄（故治即今湖北襄州）、郢（治所在今湖北钟祥）间，至随州桐柏山（在今河南桐柏县西南）得遇真师，姓彭名梦蘧，字伯玉，郢州人也。"[②] 后者见于林元鼎所撰《内义丹旨纲目举要》[③]，其称萧应叟为先生，而自题曰"门人梅岩林元鼎正夫述"。关于这个小派别，王卡推测"其丹法与彭晓、何昌一等有渊源关系"[④]，不知何据。

三　《悟真篇三注》的相关情况

《参同契》《悟真篇》号称丹经中的双璧，举世丹书无出其右者。《金丹大要》认为丹书多不可信，"要当以《参同契》

① 此经题"西山许明道述"（《道藏》第4册，第331页下），且此派传人皆江南人氏，故"山西"或为"西山"之倒。任继愈主编、钟肇鹏副主编《道藏提要》即据"西山"判定许明道为净明派道士，见该书第744页，中国社会科学出版社，2005年。

② 《道藏》第4册，第331页下。

③ 《道藏》第2册，第389—392页。

④ 胡孚琛主编：《中华道教大辞典》"《还丹秘诀养赤子神方》"条（王卡撰），中国社会科学出版社，1995年，第382页。

《悟真篇》为主”，规勉学人用二书为试金石以辨丹法真伪[1]。陈致虚对此二书皆有阐释。

《悟真篇三注》署“紫贤薛道光、子野陆墅、上阳子陈致虚注”[2]。关于此书的作者，有人认为乃陈致虚一人所作，王阳明《书悟真篇答张太常诗》云：“《悟真篇》是误真篇，三注由来一手笺。”[3] 但是，按照与陈致虚差不多同时的戴起宗所言，其于泰定丁卯（1327）即已见署名薛紫贤的《悟真篇》注本[4]，此时陈致虚尚未遇师，根本不可能对《悟真篇》作注。事实上，《悟真篇三注》非但不是出自陈致虚一人之手，甚至也不是由他编集的。张士弘撰《紫阳真人悟真篇筌蹄》有云：“今集薛、陆、陈三家所注，寿梓以行，其意合而旨同，实后学之梯级。”[5] 所以，《悟真篇三注》显然是由张士弘编集刊行的。前文已证实张士弘为陈致虚弟子，那么，此书是否是在陈氏的授意下编成的呢？《紫阳真人悟真篇筌蹄》云：“书之来历且有数说，是亦后人各述得书之由所不足信。或云垣中三星潜耀降世，又云烧其蜕得舍利子千百，此皆杜撰，有所不取。”[6] 而陈致虚在注文中却说：“仙师（张伯端）其紫微天宫之一星也。”[7] 可见，张士弘编集此书时有自己的取舍标准，并非完全依循其师的意旨。

陈致虚极为推崇薛道光、陆子野二人所注。他说：“道光禅师

① 参《道书全集》第8页上。
② 收于《道藏》第2册。
③ 《王文成全书·外集》，影印文渊阁《四库全书》第1265册，第573页。
④ 参见戴起宗：《〈悟真篇注〉辨》，《道藏》第2册，第1025页中。至于薛注、翁注之辨，详见下文。
⑤ 《道藏》第2册，第972页下。
⑥ 《道藏》第2册，第972页下。
⑦ 《道藏》第2册，第1004页下。

及陆真人解注极为明白，而一切人不参其阴阳造化有必不可也。外道乃指为傍门，甚而云三峰采战之说者，岂不惜哉!”[①] 为了纠正世俗之人对双修法门的陋见，陈致虚乃依师授而笺注，其云：“致虚首闻赵老师之旨，未敢自足。后遇青城老仙之秘，方知阴阳造化顺则人逆则仙之理，无复更议。至如象月出庚、阳生火候之奥，青城之训为最的而易行。今不敢秘，乃《悟真篇》每章之下出数语者，则薛、陆所藏余蕴，更为申之，使后来人不迷于疑网。”[②] 是此，则三注虽非陈致虚一人所作，但陈注又接续薛、陆二注而为，所以三注实为一个整体。我们探讨陈致虚的丹道思想，应该结合薛、陆所注，而不能囿于陈致虚一人之注。薛道光作为南宗三祖，学界讨论颇为详尽。陆墅其人资料甚少，《道藏提要》“林自然”条云：“林自然，南宋人，号回阳子。……西蜀陆真人（陆墅）于长汀烟霞道院，授以金丹法，自然本之著《长生指要篇》。”[③] 林自然所著《长生指要篇》今收于《道藏》第24册。查其自序仅言“西蜀陆公真人”[④]，并未指此陆公即陆墅，或许《道藏提要》另有所据，兹录于此。考陆墅注文，其于“道自虚无生一气”一诗注文中引用陈楠《罗浮翠虚吟》：“泥丸翁云：‘一载胎生一个儿，子生孙兮孙又枝。’”[⑤] 陈楠此文自叙乃嘉定壬申（1212）为白玉蟾所说[⑥]。据此，陆墅应为宋末人。

关于《悟真篇三注》还有一个令人关注的问题，就是薛道光注

---

① 《道藏》第2册，第971页下。
② 《道藏》第2册，第972页上。
③ 任继愈主编：《道藏提要》，第737页。
④ 《道藏》第24册，第249页下。
⑤ 《道藏》第2册，第993页中。
⑥ 参见陈楠：《罗浮翠虚吟》，《道藏》第33册，第132页下。

的真伪。这个问题在讨论中又分为两个子问题：薛道光是否注过《悟真篇》？《悟真篇三注》薛道光注是不是薛道光所作？第一个问题是第二个问题的基础。历来学者多围绕第二个问题进行详辨，认为保存在《悟真篇三注》中的薛道光注是剽窃无名子翁葆光注文而来，至少混入了不少的无名子注，这是没有异议的。近观杨立华君《〈悟真篇〉薛注考》[1] 一文，力辩薛注的存在，并从《悟真篇三注》中初步分离出一些薛注的词句。该文考辨翔实，分析有理，深以为然。现结合笔者收集的相关资料，更为申之。

第一，无名子、象川翁、翁葆光是否为同一人。因为《悟真篇注疏》所录翁葆光注文实为戴起宗将世传象川翁、无名子二注融会而成[2]，所以辨明这第一个问题有助于了解翁葆光注文的原貌，这是进一步对比翁、薛二注的基础工作。现存于《道藏》中的《悟真篇注》翁氏自序、《悟真篇注疏》、《悟真直指详说三乘秘要》[3] 皆题"象川无名子翁葆光"；《悟真篇注释》[4] 自序仅题"无名子谨序"，文标"象川无名子翁渊明注"。又据龙眉子撰《金液还丹印证图》

---

① 载《世界宗教研究》2000 年第 2 期。

② 戴起宗《〈悟真篇注〉辨》云："世人节录诸解，未见全文，又讹翁姓为老者之称，分象川翁无名子为二人。"（《道藏》第 2 册，第 1026 页上）由于将"象川翁无名子"理解为"象川翁""无名子"，所以戴起宗辑《注疏》时将世上流传的象川翁、无名子二注合而为一。

③ 收于《道藏》第 2 册。此三者据翁氏自序本为一体，《悟真直指详说三乘秘要》乃是《悟真篇注》的附录。

④ 收于《道藏》第 3 册。此书当是戴起宗所见子虚子疏本的底本。因为戴氏在《〈悟真篇注〉辨》中所列此本之特征——"于无名子之序节去'谨依仙翁之秘旨'一段。又易其后文，分《三乘秘要论》各贯卷首"——悉见于此书。只是并没有戴氏所见子虚子小序、陈达灵序和子虚子疏的内容。这是一个值得注意的本子。因为，戴起宗所见子虚子小序作于淳熙改元（1174），而翁葆光《悟真篇注》成书于乾道癸巳（1173），二者仅隔一年。也就是说，作为子虚子疏的底本，《注释》本应当是翁注的最早传本，或许更能反映其原貌。

之《后识》，知无名子确实姓翁[①]。但是，以上仅仅说明无名子就是翁葆光，表字渊明。那么象川翁又是怎么回事呢？将象川翁等同于翁葆光仅见于戴氏所辨。然而，《修真十书》所节录诸家注文有于一诗之下并列象川翁、无名子的情况[②]。陈致虚《金丹大要》引用时也是象川翁、无名子分题[③]。根据戴起宗自叙，其“于至顺辛未(1331)夏遇师得诀”[④]，则与陈致虚不过同时代人。故此，笔者认为将象川翁等同于无名子还需要新的证据，戴氏将二者注文接续的做法尚需斟酌。

第二，《薛紫贤事迹》经过后人窜改。杨立华文认为戴起宗所见《薛紫贤事迹》是根据薛道光《悟真篇注》的序文略加改动而成，其内容可窥见薛序原貌，但其中的时间记载经过了后人改动，因此，作为戴氏考辨最有力证据的时间问题并不存在。对此，笔者也有同感。且戴氏所见《薛紫贤事迹》也不是其原貌，原本的《薛紫贤事迹》可能更为接近薛序，或者就是薛序本身。现依《仙佛同源》所引两段文字辨之：

---

① 《道藏》第3册，第109页上。其云：余师若一子尝曰：“曾闻我师无名子翁先生云……”

② 见于“虎跃龙腾风浪粗”“要知产药川源处”“莫把孤阴为有阳”三诗。特别是前两诗，都在同一诗句之下并列引用象川翁、无名子二注，解释同一问题而注文不相同。这三首诗依次见《道藏》第4册，第715—716、716—717、718—719页。

③ 有学者认为《金丹大要》所引象川翁、无名子注文乃据《修真十书》。据笔者对勘，《金丹大要》所引有三处不见于《修真十书》，依《道书全集》页码，分别是：第15页下第21行引象川翁、第18页上第4行引无名子、第20页下第20行引无名子。其中，前两处见于《悟真篇三注》薛注及《悟真篇注疏》翁注，第三处不见于现存任何一种薛注和翁注。可见，《金丹大要》或另有所本。

④ 戴起宗：《悟真篇注疏序》，《道藏》第2册，第910页中。

《仙佛同源》卷三所引《薛紫贤事迹》	《仙佛同源》卷九所引《薛紫贤事迹》	戴起宗所见《薛紫贤事迹》中相应部分
《薛真人事迹》记云：适遇杏林驿道人石得之，稽首皈依，请因受业。卒学大丹，及复得受口诀真要，且戒令往通邑大都，依有力者可即图之①。	《悟真篇注事迹》云：某姓薛名式，尝为僧。适遇杏林驿道人石得之，稽首皈依，请因受业。卒学大丹，乃复授口诀真要，且戒令往通邑大都，依有力者可即图之。某遂来京师，弃僧伽黎，幅巾缝掖，和光混俗，以了此事②。	道源姓薛名式，[陕西府鸡足山人也]。尝为僧，[法号紫贤]。……[崇宁丙戌岁（1106）冬寓鄜县青镇听讲佛事]，适遇[凤翔府扶风县]杏林驿人石泰字得之[年八十五……道源源（“源”字衍）闻石泰说是语已]，稽首皈依，请因受业。卒学大丹，及复受得口诀真要，且戒往通邑大都，依有德有力者可即图之。道源遂来京师，弃僧伽黎，幅巾缝掖，和光同尘，混于常俗，觊了此事③。

可以直观地看出，戴起宗所见《薛紫贤事迹》易“某”为“道源”，改自述口气为转述口气。另外，又于文句中加入不少说明性文字，似乎在为简略的原文作注解。因此，笔者认为，《仙佛同源》所引更加接近《悟真篇注》薛序，戴氏所见经过后人增补，其所记时间是错误的。薛序的存在，直观地证明了薛注的存在。按《悟真篇三注》残留薛序所标，薛注应作于乾道五年（1169）④，只比翁葆光注早四年。但是，《悟真篇三注》薛注并非薛道光注文原本，乃是后人混淆薛、翁二注之后的模样。因为《修真十书》《金丹大要》《仙佛同源》中很多指明为无名子注的引文，均原封不动地出现在《悟真篇三注》之中。同样，

① 《道书全集》第 466 页下。

② 《道书全集》第 479 页下。

③ 《道藏》第 2 册，第 1024—1025 页。中括号为笔者所加。

④ 《道藏》第 2 册，第 970 页中。其所标“乙丑”当为“己丑”，“乙”“己”形近易讹，当为误刻所致。

此三书几处指为无名子注的引文却不见于《悟真篇注疏》，所以《注疏》也是经过戴起宗增删的。正如杨立华文所言，要将混淆的薛、翁二注厘清还需要下一番功夫。

四　《参同契注》的相关情况

《参同契注》是现在所见陈致虚最晚的一部作品，也是最为成熟的作品，见存于《藏外道书》第9册、《道书全集》、《四库全书》。《周易参同契》为东汉魏伯阳所著，陈致虚极为推崇其价值："留此书于世者，圣心道眼也，天梯河筏也，修行人仰赖也。世无此书，则皆趋傍门邪径……世非此书，则天地之间无修行之旨，无圣人之道也。"[①] 唐宋以来，《周易参同契》注家蜂起，陈致虚于中惟推重五代彭晓。他说："此书（指《参同契》）解者百有余人，少能深造其奥，惟真一子彭晓虽知药火而欠次第，乃章章指为药物火候，篇篇指为丹鼎工夫。其中或恐后人附会。"[②] 陈致虚认为，魏伯阳作《参同契》是有先后次第的，"上篇叙阴阳造化炼成大丹之旨，中篇又细议还返温养防虞之用，下篇乃拟法象备露成丹之详。上篇则次第而言，中篇复条例而布，何可混淆而不察"[③]。也就是说，上篇单讲丹理——阴阳和合而成丹，中篇乃述丹功——具体操作实践，下篇补塞遗脱并对全文作总结。基于这种理解，陈致虚对《参同契》重新分章而释之。"上阳子分而注之，分上篇为十五章，以应上弦得丹之

① 《藏外道书》第9册，第244页下。
② 《藏外道书》第9册，第222页下。
③ 同上。

义；中篇为十五章，以应下弦丹成之义；下篇为五章，以应五行之成数。所分之章，取其旨意同者以为一章，寻详仙翁之本意，次第铺陈。就中借托玄言，直指金丹、药火、鼎器，造化细密，使后来人易于领悟。遵而行之，从凡入圣，作佛成仙。"① 陈氏这种分章，与彭晓注本分九十章不同。陈致虚又认为彭晓将《鼎器歌》一章后置是错误的，而将之附于《法象成功章》之后。《四库全书总目提要》谓"其所疏解亦皆明白显畅"②。然观陈氏所注，虽然发明较详，所露甚多，有些地方却有"掉书袋"之嫌。陆西星对此深有感触，其《参同契测疏》自序云："间尝参读诸家，真一、抱一、玉吾之书，分注错经，互有挂漏。而求其心领神会以得夫立言之旨者，则惟上阳近之。特其学问渊深，议论宏博，初学之士骤尔读之，未免厌多而废、苦难而止。盖自某昔者病之矣。"陆氏认为解释经典应该有一定的原则，不能信手而为。他说："经者，径也。径有殊条，同归适市。释经之法，则如携儿入市，十步一顾，犹恐失之；若信步迂回，游涉他物，则去之远矣。故某所述作，会文释义，以义从文，剪去枝蔓，直见本根，详略相因，义由一贯。其宗旨则上阳也，其文则己也。"③ 实际上委婉地批评了陈致虚"信步迂回，游涉他物"的做法。今观陆注，的确有直指本根的畅快，省却了陈注之迂阔与任意发挥之文，使得丹道旨意更加明白晓畅。正如陆注所言，其宗旨与陈致虚并不相异，故我们理解陈致虚注可以参考陆西星的注文。

---

① 《藏外道书》第9册，第222—223页。
② 参见《四库全书总目提要》，商务印书馆，1933年，第3048页。
③ 以上陆西星语，皆见《藏外道书》第6册，第519页。

第二章　陈致虚思想研究

第一节　人身难得　生死事大

生死一事乃各大宗教共同关注的焦点，生命的有限性是各种超越理论的最终底据。道教不同于佛教、基督教致力于对死后世界的建构，也不同于儒家以社会价值的实现为不朽，而是直接以求生为目标，对现世生命倾注所有的关怀。

道教认为人是万物之最灵者，今生为人是难能可贵的。生命是目的而非手段。也就是说，生命本身应该得到珍惜，而不应该成为被利用的对象，宝贵的生命只有用来追求生命本身才不致浪费。对于这一点，陈致虚秉承内丹南北宗的传统，对一切利用生命追逐社会利益和虚幻来世的行为进行了批判。

陈致虚首先对社会价值进行了批判，劝人抛却功名富贵，回头关注最为宝贵却最易被忽视的生命本身。他于《醒眼诗》中指出："多少人居富贵丛，到头富贵只匆匆。不如买取金丹诀，做个神仙不老翁。""元来世上尽非真，唯有还丹是养身。将相位高忧国事，道人炉内药苗新。”“下手速修犹太迟，个中闻早急回思。喧阗鼓乐闹何事，前日英雄今裹尸。”“浮世奔波功与名，道人苦口论修行。丹成回首看浮世，埋没功名荒草生。”[①] 然而，世人却不悟生命之宝贵，汲汲于功名利禄，就像飞蛾扑火不知悔退。对此，陈致虚感叹道：“嗟夫！世人逐末忘本，贱命轻身。英雄豪杰者，为功名所役；聪明特达者，为进取所羁；衣食富足者，为营计所笼；贫穷困乏者，为口体所累。”[②] 他并于书中列举范蠡、张良、陈抟、马钰等人的例子，劝人以生命为重，放弃功名富贵。其云：“修道底人，果得真师口诀，则恐光阴迅速，目下收科，汲汲成就我身，又何暇奔功名富贵而共人谈论哉！”[③] 对于视今生如粪土，惟欲解脱而求来生幸福的人，陈致虚说：“迷人今生作来世福德……修因待果，如逆风而渡海，何有了期？”[④] 其《醒眼诗》云：“醒眼诗中妙更多，勤修趁早莫蹉跎。人身一入轮回去，来世机缘莫想他。”[⑤] 又引《入道诗》说：“人身难得今已得，正道难明今已明。此身不向今生度，更向何生度此身。”[⑥] 其劝人今生求度的殷切之情昭然可见。然而，世上却有一部分人虽得闻道而不事修行，这又分两种情况，陈致虚分别进行了斥责。第一种人惟欲多闻广知，虽努力求道，却将金丹大道作为知识来了解，不知丹道乃是实践性的。“犹一切人，肄一切业。始焉，窥伺仿慕，唯恐不得明师，所爱珍奇，亦

① 《道书全集》第 42 页下、第 43 页上。
② 《道藏》第 2 册，第 413 页上。
③ 《道书全集》第 7 页下。
④ 《道书全集》第 110 页下。
⑤ 《道书全集》第 44 页上。
⑥ 《道书全集》第 10 页下。

无所吝。及既得闻，稍尽其说，则狃于常而鲜至极，但务其知而不之行，此世俗所为者。……若其不行，求而知之，则斯人也，何足算也!”[①] 第二种人虽然也打算实修，但还有世俗的追求不能割舍，冀望得偿所愿再来修丹。陈致虚说：“多少负志自高之士，已遇真师直指大道，乃欲待其功名志满愿足方炼金丹，忽忽天不与年，悔何能及，岂非愚痴乎?”[②] 因此，他奉劝世人：“炼丹及早莫迟疑，休待功名到了时。只为光阴如箭速，吉凶祸福少人知。”[③] 又谆谆告诫其弟子说：“我明告子，人生若飘风焉，忽忽而已；世事若无涯焉，何有了期？以忽忽而待无涯，抑又殆尔。……今子以某事未了，某事未偿，必待了偿此志而为身谋者，何知人之明也，而自知之暗也。先哲云：‘即今休去便休去，若觅了时无了时。’”[④] 丹家认为，死之于人并非一件遥远的事情，人在获生的同时就具有了死的可能性，人生难以逆料，恰如张伯端在《悟真篇》中所指出的那样：“百岁光阴石火烁”，“寿夭穷通莫预知”[⑤]。正因为如此，陈致虚对闻道却不行的人表示了深深的遗憾：“亦有闻道之士不肯直下承当，勇锐向前，疾早便做，乃欲待其功名志满诸事已了方成此道，又惑之甚。忽忽天不假年，身捐于世，悔何能及!”[⑥]

陈致虚又认为，只要心坚志诚则必能成道。他说：“修行一事，不问男女，若猛勇心坚，成道必矣。”[⑦] 又云：“勤织无寒，

① 《道书全集》第77页下。
② 《道藏》第2册，第975页下。
③ 《道书全集》第43页上。
④ 《道书全集》第60页下。
⑤ 《道藏》第2册，第974页下、975页上。
⑥ 《道书全集》第9页。
⑦ 《道藏》第2册，第985页中。

力耕常饱，学弓能射，习水能浮，坚固修行，必成仙佛。”① 然而，信道一事愚者不及，智者过之。“何以故？智者曰：‘生必死，死则已，又何地狱之信哉？’是云过之。愚者曰：‘不修善，不作恶，饥则饭，困则眠。此即天堂，更有何道？’是云不及。”② 陈致虚认为疑之太过，信之不及，皆非坚心向道之人所宜有。他说：“过与不及，皆非道人之心所宜有也。倘疑妄心除，则清静心立。心若清静，则七情自忘。七情忘则六根大定。”③ 六根大定则可修炼金丹大道。另外，对于修行必需的钱财，陈致虚也认为：只要心坚志诚，贫贱乏财并不成其为问题。“贵富也，贫贱也，皆可修也。……人但坚心求师，无分富贵贫贱也。……财之足用则散之也，不足则求之也。惟务道之成，何分于富贵贫贱也。”④

此外，陈致虚又对一些世人之愚见进行了批判。其云：“有辈愚人，闻顿悟成佛之旨，便谓道不必行，闻而顿悟即可成佛，岂理也哉？乌知一闻千悟，乃信之；及闻而力行，乃可成道。……闻而不行，道安能成？愚夫但云做仙做佛总皆宿缘，彼抑不思宿缘仙骨因从何来。若云善，则彼不修善；若云德，则彼不积德。无善无德，因此无缘，世岂有不种不植而成自然之秋收者乎？……又有愚夫，恣意猜度，是谓：仙也，无有言传，亦无所为，但得真仙亲手提挈，或赐丸药，或引凌空，无闻无修，愈高愈远。百端妄想，何其大愚！”⑤ 于这通痛斥可见陈致虚用心之

① 《道书全集》第 7 页下。
② 《道藏》第 2 册，第 439 页下。
③ 《道书全集》第 65 页上。
④ 《道书全集》第 88—89 页。
⑤ 《道书全集》第 77 页下。

切，其惟欲世人皆以生死为一件大事，坚心向道，实修而成。

第二节　道本阴阳　顺凡逆仙

道，是道教徒的最高信仰，道教哲学的最高范畴。异时异地的诸多教派之所以被统称为道教，盖因它们皆以道为最高信仰、教理枢要、宗教哲学的最高范畴。不同时期、不同派别的道教理论家，对道进行了多角度的阐释，使道的概念进一步宗教化，或在哲学上进一步深化。在这个过程中，道教徒一方面从本体论出发把道绝对化，道成为万物存在的依据乃至言说的依据。这样的“道”是不能以任何语言表述、不能以意识分别的，所谓“名言道断，心行处灭”即是指此。另一方面，道教徒又从所处时代的哲学思维水平和各自的思想倾向出发，把绝对不可说的道实体化、具体化，实际上就是把作为本体的“存在”降格为现实的“存在者”。

作为一名内丹理论家和实践者，陈致虚在其著述中主要是对道进行具体诠释，以此论证丹功的可操作性。相对来说，他对本体意义的道思考得要少得多，往往混融于对道的具体诠释之中，并很快地将之实体化。但是，在阅读他的作品时，我们还是可以捕捉到一些玄思的火花。陈致虚认为：对于本体意义上的道，虽然我们可以通过“道”这一命名来敞显它，但并不说明“道”这个称呼就已将它和盘托出。而只是因为，敞显即是遮蔽，敞显已经遮蔽，也就是说，不管把它称作什么，都会在不同的地方，在不同程度上掩盖着它，所以才勉强称之为“道”。他说：“道始无名，德亦非称。自伏羲画卦，苍颉创爻，玄龟龙马，河图洛书，文王重易，箕子洪范，皆存而不名。老子垂世，始强名之曰'道'。"[①] 道不仅不可言说，也不可思议、难以捉摸。"是道也，有大识见之眼而无睛，有大智慧之耳而无闻，有吸西江之口而无齿，有谙妙香之鼻而不臭，有杀活舌头而味不味"[②]。然而，这无形无名的道又总是通过其功用来表现自己，惹得陈致虚不停地追问："道果何物也？其可见乎，而功用若是？其可捉摸乎，而造化若是？其可思议乎，而变通若是？"[③] 事实上，本体意义上的道对内丹家是有意义的，只不过他们专注于揭示具体可操作的金丹大道而没有深入反思或揭示作为金丹大道本体依据的道本身。现在看来，本体意义上的道至少给内丹家提供了两种支持：一是作为本体，道具有"常"的属性，谓道超越时间，永恒不变。这就为内丹家所追求的长生不死的终极目标提供了依据，因此，他们提出"还虚合道"作为不死的同义语。二是作为本体，道具有"遍"的属性，谓道超越空间，无所不在。它大包天地，细入刹尘，它就在万物"背后"，正如庄子所说，"道在屎溺"，无物不合于道。这就为内丹家以各种事物的变化来阐释丹道的做法提供了依据，因为自然之道与金丹之道都是本体道的体现。

但是，作为本体的道只给万物的存在提供了哲学上的依据，而这个丰富多彩的物质世界还需要有一个物质始基来予以说明。陈致虚秉承道教哲学传统，给道赋予物质形式——炁，从而把绝对的本体实体化为本源。他说："道也者，果何谓也？一言以定

① 《道书全集》第 11 页上。
② 《道书全集》第 13 页下。
③ 《道书全集》第 11 页上。

之曰‘炁’也。”① 但是，作为世界本源的炁却不是呼吸之气，陈致虚分辨道：“天地万物未有非炁而自生育者，然吾所谓炁却非天地呼吸口鼻往来。”② 此炁乃是先天一炁。应该说，先天一炁这个概念还是相当抽象的，而且只能表征静态的东西，也就是说，先天一炁自身的变化发展还需要其他范畴来说明。但是，道并非只是静止不动的。陈致虚说：“何谓道？先天一炁之造化也。”③ 可见，本体意义上的道不光指万物本源，还实实在在地存在于从本源生发万物的运动中。对于这个运动过程，陈致虚是通过将先天一炁分判为阴阳两种属性，从而用阴阳交感和消长变化来描述的。这样，阴阳作用就从动态上表征了道。陈致虚利用炁和阴阳对道教传统的宇宙生成模式——“道生一，一生二，二生三，三生万物”——进行了具体阐释。他说：

天地之未始有始之始也，一气蟠集，冥冥涬涬，杳杳莫测，氤氲活动，含灵至妙，是为太乙，是为未始之始始也，是为“道”也，故曰“无始”。夫天地之有始也，一炁动荡，虚无开合，雌雄感召，黑白交凝，有无相射，混混沌沌，冲虚至圣，包元含灵，神明变化，恍惚立极，是为太易，是为有始之始始也，是谓“道生一”也，是曰“元始”。夫天地之太极也，一炁斯析，真宰自判，交映罗列，万灵肃护，阴阳剖分，是为太极，是谓“一生二”也，是曰“虚皇”。阴阳既判，天地位焉，人乃育焉，是谓“二生三”也，是曰“混元”。阴之清者，升上而焕丽也，则日月

① 《道书全集》第13页下。
② 《道书全集》第11页上。
③ 《道藏》第2册，第975页上。

星辰布焉，故天左运，三光右旋；阳之清者，腾上而会于阳也，故风云动而雷雨作焉；阳之浊者，重滞而就地也，则海岳奠峙，而五谷草木昌焉，故岩岫出云，山泽通炁，阴阳之炁闭而不通也，则雪霜结而冻冰焉；阴之浊者，积沍而下凝也，穴岩幽藏而深邃，故五谷八石以错杂焉。天地之中，阴阳正炁之所交也，圣人焉，仙佛焉，庶民焉，贤愚寿夭寔所淆焉，胎卵湿化无有息焉，是为六合也，是谓“三生万物”也[①]。

于此，陈致虚以天地生成为准，划分先天地之道和后天地之道。他说：“夫道也，生天也，生地也，成仙佛也，类万物也，是先天地之道也。夫唯今有天地也，有人也，有万物也，是后天地之道也，而道也者，乃行乎其中也。”[②] 如果我们粗略辨析，则先天地之道乃先天一炁的状态，更接近于本体意义上的道；后天地之道则更多的是在发展变化所应遵循的规律的意义上来描述天地万物的生化。对应于这两个阶段，或者说是两个层次的道，陈致虚又划分了先天阴阳（又称真阴、真阳）和后天阴阳。先天阴阳表征了先天一炁的存在状态，后天阴阳则是天地间万事万物生化发展的基础。陈致虚用乾坤二卦表示先天阴阳，用坎离二卦表示后天阴阳。他揭示说：“夫乾之为物，阳也，故为易之户。坤之为物，阴也，故为易之门。太极胚腪，非得乾坤之门户，则天地何由而设位，日月何由而光明，人物何由而化生，圣人何由而行其道哉！是以乾动而直，则阳太极而生阴；坤动而

① 《道书全集》第80—81页。
② 《道书全集》第81页上。

辟，则阴太极而生阳。阴阳交错而成离坎。……盖阳乘阴则乾中虚而为离，阴乘阳则坤腹实而为坎。故坎离继乾坤之体而为阴阳之匡廓。”① 由此可知，先天阴阳阳极而阴、阴极而阳，必然沦入后天，而将其“体”寄存于后天阴阳之中。因此，道教理论家特别是内丹家认为：坎为后天之阴，其中爻却是乾之体，故其含蕴先天阳炁而实质为阳；相反，离为后天之阳，其实质却为阴。对坎离进行形式和实质的区分对内丹理论来说意义重大，它表明了丹家可以从后天阴阳中寻找到先天阴阳并借此返回先天一炁的混沌状态，这就为生长于后天世界中的人逆转人道而修炼丹道提供了现实的基础。

陈致虚认为，人与万物一样，也是凭借阴阳交感和消长变化而生长发育。所不同的是，天地间万物只是后天阴阳在起作用，而人作为万物之灵，其受生之初同时禀赋了先后天阴阳。他说：“道生一炁，一炁生形，形中又含始炁，是为先天真一之炁也。”② 又说：“盖人禀先天真一之炁，以生以毓，以长以大。至于二八之年，足三百八十四爻铢而成一斤之数，当此时也，号曰‘纯乾’，是为太极。”③ 也就是说，在十六岁之前，人的生长表现为先天一炁的壮大，属于人生的先天阶段。与此同时，人禀受父精母血（后天阴阳）而有之躯壳也随之生长发育，到十六岁左右进入青春期，则有饮食男女之欲。凡心一动，男子身中所禀先天阳炁就奔失于外，则“虚心”为离；相反，女子得此先天阳炁而为坎。陈致虚说：“阳极必乘乎阴，乾纯必乘乎坤……心

① 《藏外道书》第9册，第221—222页。
② 《道藏》第2册，第993页中。
③ 《道书全集》第69页上。

才动则炁散，炁散则精泄，精泄则坤乘。纯乾乘坤，则阴消阳而心虚为离；纯坤乘乾，则阳入阴而腹实为坎。”[①] 由此，进入人的后天阶段。自此之后，“一切凡人，愈迷愈远，泊于名利嗜欲之场，投老而无悔悟”[②]。这样做的结果是身中阳炁越来越少，阳尽阴纯则死也。这个过程与先天一炁生化天地万物是完全一致的，但结果还是存在差异。基于对个体的独特性认识，陈致虚认为：“天地之道也，阳极而阴，阴极而阳，故万物终焉，万物生焉。”[③] 人却不一样，任何个体的生命只有一次，哪怕轮回再生，也是有差别的。那么，人该如何是好呢？

陈致虚认为，虽然天地万物之道阳极而阴、阴极而阳，但这只是“道路”的一个方向而已，陈致虚称之为“顺”。万物因为不能选择方向，所以生灭不已。但人却不同，人是有主观能动性的存在者，他能够规划自己的道路，因而能够通过“逆行”回避死亡。认识到人的主体性，是内丹家工作的开端。那么，逆行如何可能呢？这实际上就像是一段斜坡，不同方向走来的人会觉得它是上坡，或者是下坡。顺逆其实都是循道而行，所行之道即是阴阳之道。陈致虚说：“当念我身从何而有，若云父母阴阳之炁所生，则阴阳之炁必可延命，必可成仙佛矣。”[④] 又说：“修丹者不离阴阳以立根基，倘真一之气既还，丹已成熟，则方跳去阴阳之外。”[⑤] 跳出阴阳之外，也就逃出了阴阳和合化生的苑囿，所以再没有生，没有生就没有死。没有生死的状态，道教称之为

① 《道书全集》第 74 页下。
② 《道书全集》第 69 页上。
③ 《道书全集》第 81 页下。
④ 《藏外道书》第 9 册，第 253 页上。
⑤ 《藏外道书》第 9 册，第 259 页上。

“神仙”“真人”。陈致虚说：“神仙者，即先天之炁以为之主也。”① 但是，究竟有没有神仙呢？陈致虚继承了葛洪的方法，以人的有限性来反证神仙实有。他说：“曾不知彼醯鸡也，离于罂瓿则失天，又恶知鸟之栖深山也，其飞则冲天，安有区区之恋恋者乎？又恶知鱼之游于江湖也，洋洋焉，悠悠焉，禹门之跃也，三跃而化龙。彼醯鸡之卑微也，岂得而知乎龙？彼人也，斯之谓也，岂得而知乎仙？”②

既然神仙实有，那么人如何才能达到先天一炁为之主的神仙境界呢？陈致虚认为人人皆禀先天一炁而生，都具有成仙的条件。他说；“世人禀天地至清之气而生，故皆可以明圣贤之道。”③ 然而，正如上文所言，人身中之先天一炁有一个生而长、长而盛、盛而衰、衰而无的过程。因此，陈致虚认为在人的先天、后天阶段逆行的道是有分别的，他称为上德无为之道和下德有为之道：

> 上德者，体全德之人也，无不为之士也。男子当二八之年，真精全而欲泄，全德之人则能保爱而浑无亏，又遇明师授以无为修摄之道，以永其寿，是谓无不为之士，是谓上德之全人也，是即圣人行无为之化，是即大人成无为之功也。下德者，窃造化之人也，盗万物之士也。夫一切人年甫二八，真精未泄，谓之“纯乾”。逮夫情欲一动，乾之中爻走入坤宫，乾不能纯，心虚为离。由是而后，日夜漏泄，存而有者复几何哉？惟至人者，不待其极，乃行圣人复全之道，

① 《道书全集》第64页下。
② 《道书全集》第83—84页。
③ 《道藏》第2册，第981页下。

以仙其身，是谓下德之士，是窃造化之人也，是即圣人率性之道，是即神人有为之功也①。

陈致虚认为上德之人先天一炁具足，只需行无为之道以保养之，即可长生不死。下德之人由于先天一炁亏损，必须先复全先天一炁才能借之成仙。那么，先天一炁又从何处取来呢？怎么取来呢？陈致虚认为这些都要依道而行，故称为金丹妙道。前面已经说过，坎离寓先天阴阳以为质，所以金丹之道只要找到人世间之坎离，按一定的方法“提取”其中的先天阴阳，以此先天阴阳和合而返回先天一炁的溟涬状态，即可超出阴阳而逃脱生死的藩篱。对此，陈致虚释“金丹”云：“‘金’者，非云金也……此金乃先天之祖炁，却生于后天。……是以高仙上圣于后天地已有形质之中而求先天地未生之炁，乃以此炁炼成纯阳，故名曰‘丹’。夫纯阳者，乾也；纯阴者，坤也；阴中阳者，坎也；阳中阴者，离也。喻人之身者亦如离卦，却向坎中心取出阳爻，而实离中之阴，则成乾卦，故曰‘纯阳’。以其坎中心爻属金，故曰‘金丹’。”②

然而，受唐宋以来流行的心性论的影响，陈致虚又把道等同于人的真性、本心，从而认为逆取先天阴阳而返归先天一炁的过程只是命功修炼，只完成了修仙的一个方面。修仙的另一个方面——性功修炼不仅是修命的凭借，而且也是“与道合真”的最终完成。陈致虚说：

名何云心？有肉团心，有虚空心。此虚空心，是名何

① 《藏外道书》第9册，第231页下。
② 《道书全集》第21页下。

心？是金刚心，是涅槃心。彼肉团心，复名何心？是妄想心，是烦恼心。是世人思虑总皆执着，以执着故，是名障碍。心有障碍，因缘不来，因此无缘，轮回生死。若金刚心，若涅槃心，是虚空心。此虚空即智慧心，即真实心。上士一闻，发大智慧，勇猛精进，是云“真佛”。……此一切心（虚空心）历劫不坏。彼一切心（肉团心），争爱贪着，见色迷恋，闻声惊怖，是非分别，无有穷已。……此精进心，有大猛勇，诸天及人，见此精进，欢喜无量；假此精进，成佛作祖。云何名佛？是虚空心。云何虚空而名真佛？此虚空心，悬崖壁立，智慧精进，倏尔变通，因尔虚空，前无所进，后无所退，执着不得，思议不及，是云“真佛”，亦云“法身”。缘此法身，住虚空中，得大解脱，得大自在，遍十方界，广大神通①。

这种虚空心、真佛性乃是人人本具的。陈致虚说：“净倮倮是真佛性，赤洒洒是真佛性，一大事因缘、恁么见成公案，无非是真实佛性底，莫道释迦老子有此一件大事因缘，各各常人分上皆有如是一大事因缘，元不缺少。”② 但是，世人却以肉团心为主宰，贪爱执着，因而轮回生死，不得解脱。陈致虚认为“先天一炁自虚无中来”，又引李道纯的话说：“盖念虑绝则阴消，幻缘空则阳长。故阴尽阳纯则金丹药熟，丹熟则飞神仙境，此所谓之神仙矣。”③ 即是说，只有泯灭妄想执着的肉团心，让被蒙蔽的虚空心（真心）显露出来，才能招摄先天一炁回到身体内。

① 《道书全集》第115页下。
② 《道书全集》第107页。
③ 《道书全集》第22页上。

然后假此真心而修，才能阴消阳长，阳纯而仙。

综上所述，陈致虚丹道的理论基础包括以下几个方面：第一，道超越时空，因而与道合一则能长生不死；第二，在“道路”的意义上，道——具体来说是阴阳消长变化之道，是不可违逆的。它具有现代所谓“规律”的意思，离道便是“脱轨”。正因为如此，天地自然之道与人生顺逆之道都必然是循道而行，所以可以用天地之道比拟丹道，也可以用人生顺行的常道比拟丹道；第三，人是有死去者，但人是有主观能动性的存在者，因而可以选择修炼丹道而避免死；第四，后天阴阳中蕴含先天阴阳，因此丹道修炼有其现实基础，是实际可行的；第五，对人来讲，道又是本心、真性。因此，要达到与道合一的状态必须性命双修。

第三节　积汞求铅　龙虎合丹

上文提到，人所禀受的先天一炁既盛则判析为阴阳二炁，欲念一动则阳炁奔失，阳炁既损则阴炁亦耗。内丹学强调真阴真阳和合方能结丹，正是希望通过逆合阴阳二炁而返归先天一炁的混沌状态。对于阴阳二炁从何而来的认识，成为清修派与双修派明显的分水岭。清修派认为，人之一身自具太极阴阳，一己独修即可结丹。双修派则认为阴阳在人表现为有男有女，人由男女交合而生；因此，逆炼成丹亦须走男女结合的路径。正如陆子野所言：“始我之有此身也，亦由父母精媾而生，倘有父无母、有母无父，身从何有哉？作丹之要，与生意但有逆顺之不同尔。顺则生人，逆则生丹。”[1] 结合前文对丹道理论基础的分析，则双修派认为：男女本象乾坤，交合之后变为离坎。男为离，身中惟余阴炁；女为坎，身内却含阳炁。因此，丹道即是采取女子身中阳炁，而与己身中之阴炁交合。陈致虚曾以宋玄白置妾修丹故事而论金丹大道，已将其所行暴露无遗。其云：“昔有神仙宋玄白者修炼金丹大道，唯恐暮景篇催，费尽辛苦，同尘炼俗，辟谷服气；又所到处或以金帛置妾数人，去则弃之，奇怪百端，空世莫能测。”[2] 除此之外，陈致虚还直言金丹药物“在人类中而有”“阳精乃房中得之”等语。结合第一章对黄房公—陈致虚一系丹法的分析，则王沐先生指陈氏为南宗阴阳派，斯为确论[3]。下面就让我们来看陈致虚对阴阳双修丹法的具体阐释。

一　法、财、侣、地，条件必备

法、财、侣、地四种条件是炼丹所必备的。外丹家及内丹清修派也极为重视。内丹双修派因其丹法性质，更是强调这四点，陈致虚在其著作中列举了大量事例进行说明。下面我们来看一下他对这些外部条件的论述。

所谓“法”，就是炼丹之“真法”，也就是修炼的正确方法技术。由于丹法的秘传性质，求法实际上表现为求师。陈致虚首先论证了求师的必要性。他说：“道必曰学，学必曰精而已矣。

---

① 《道藏》第2册，第984页中。

② 《道书全集》第63页下。

③ 参王沐：《悟真篇浅解（外三种）》附录二《〈悟真篇〉丹法源流》，中华书局，1990年。

老子曰：‘吾非圣人，学而得之。’孔子曰：‘十室之邑，必有忠信如丘者焉，不如丘之好学也。’”① 又说：“伏唯至道，天生圣哲，奚有自悟，必资师授。”② 可见，即便圣贤也须师授，何况中下之流乎？对于丹道而言，世上虽有丹经万卷，但如果不得真师口诀，也是看不出内中妙谛的。他说：“即如学者，虽有其文，未承师诀，无下手处，谬猜妄行，乌能成道？”③ 然而，世上盲师众多，纷纷将求道者引入旁蹊邪径。于是，陈致虚授“试金石”于求道者以甄别真伪：“今留试金石三寸于此，别其真伪。……若得至人传了，首以《参同契》《龙虎经》《悟真篇》此数书内问无不知，顺了逆明，横串直贯，指南透北，识西就东，只此便是。……若邪师俗子，妄谈意会，问他以上数书则懜愣其说，直也不了，横也不知，纵能直知，逆又不了。此处有着落，便试过了也。”④ 但是师徒授受实际上是两方面的事情。因此，要想求得真师真诀还需要自我修养，以达到师父的要求。陈致虚说：“道有三传焉。上焉者，文人善士寡言好善，能弃富贵，惟急于身，是云上士，宜传道焉。中焉者，质而不文，闻道笃信，能割恩爱，力行精进，不顾是非，是云中士，乃有上士之志，宜传道焉。下焉者，愚而信实，乐善弃恶，舍己从人，勇于敢为，是云下士，其志可尚，宜传道焉。……道有三戒。凡学道者，心虽慕向而乃骄其富贵，不肯下问，不立盟誓，是谓奸谲，戒而莫与。次学道者，略闻傍门小法，惟事强辩，以逞干慧，是

① 《道书全集》第36—37页。
② 《藏外道书》第9册，第240页下。
③ 《藏外道书》第9册，第265页下。
④ 《道书全集》第8页上。

为夸炫，戒而莫与。三学道者，疑信相半，不以生死为忧，重财轻身，是不知命，戒而莫与。……道有三去焉。一者，虽智人才士而好论状告人者，是谓无德，宜去之也。二者，虽善人胜士而好诋诽是非，妄议古人，是谓不广，宜去之也。三者，虽好道向善而口是心非，背真就伪，是谓无实，宜去之也。"[1] 通过这种对比，陈致虚实际上给出了他对求法者的要求。

财，就是炼丹的资金。炼丹所需的鼎器、药材、资粮、房屋，没有充足的钱财便无法置办，这是历来让丹家苦恼之事。陈致虚诗云："得法无财事不全，法财两足便成仙。"[2] 他主要讨论了丹财的两个用途。第一，以财求法。其于《度人经注》卷中释"金宝质心"云："'金宝质心'，以财易法。夫金与宝，世之所重，愚人以金宝为命，胜人以功名为命，义士以名节为命，至人以道德为命，故至人炼金液九还神丹乃假金宝以为法财。有法无财，事鲜克济；有财无法，即同愚人。"[3] 也就是说，修行人必假法财而成道，常人若有财而不以之求法，即是不知轻重的大傻瓜。第二，以财求侣，实际上就是求药。炼丹所需的药物——阳炁潜藏于女子身中。所以，作为修炼伴侣的女子不仅要与修炼者志同道合，而且只有当其心情欢悦、真情萌动之时才能得药物之真，陈致虚称其为"同人"。《参同契注》云："'同人'之卦者，同心之人也。……欲得乎同人之心，必以利而断之，方得同人之言也。"[4] 在这里，"利"即指钱财。《金丹大要》又说：

① 《道书全集》第 38 页。
② 《道书全集》第 43 页下。
③ 《道藏》第 2 册，第 425 页上中。
④ 《藏外道书》第 9 册，第 248 页下。

“以财使人，必得其情，则牟尼之珠、无价之宝，得矣。”① 然而，修道之人纯粹是以世财为成道之梯筏，一旦成道则弃之。陈致虚说：“大修行人既得其财，即以求药，得药成丹，丹成而后，尽散其余。”②

侣，即修丹的伴侣。对双修派而言，其所谓伴侣大体分为两类。第一类是修丹的外护。陈致虚云：“侣者，外护也。”③ 又云：“学丹必先求师，不可妄自猜说。既得师传，先须炼己。……既能炼己，须结丹友以为外护。”④ 此类伴侣大致具有两个作用，或者已闻道而规检修炼者以防偏差，或者尚未闻道却能提供丹财。陈致虚说：“大修行人已得师传，先结丹友。薛真人云：‘我今收得长生药，年年海上觅知音。’又云：‘几年湖海觅仙俦，不做神仙不肯休。’泥丸翁曰：‘若无同志相规觉，时恐炉中火候非。’陈虎丘云：‘朝朝惟切寻同志，走遍东吴不见人。’盖得知音道侣乃相规检，匡其不逮，以共成道。亦有善侣而未闻道，财则有余，是宜贸易，两相成事。”⑤ 第二类即修丹的异性伴侣。如上所述，这类伴侣必须与修炼者心齐志同。陈致虚说：“‘同气’即同类也。既同其类必能齐心，其心若齐方能办事。”⑥ 而要得其同心，则一方面要加强自己的修养，真诚待人（其云：“凡欲修丹，当以惠敏为先，惠则足以使人。”⑦ 又

① 《道书全集》第25页下。
② 《道书全集》第39页上。
③ 《道藏》第2册，第985页下。
④ 《道藏》第2册，第407页下。
⑤ 《道书全集》第9页下。
⑥ 《道藏》第2册，第429页上。“同气”隐喻龙虎两弦之炁（阴阳二炁）同为先天一炁所分。
⑦ 《藏外道书》第9册，第229页上。

云："'当仁施德'，所以诱其欢心。"① 又云："若不怀之以德，惠人以仁，则临事焉能随我之用哉？"②）；另一方面，就是刚才讲的"以财求侣"。"且道如之何得他共一心？咦，若求天上宝，须用世间财。"③ 陆西星释"开舒布宝"时总结这两方面的内容说："'开舒'者，推心置腹，舒气改颜，而畜之以慈也。'布宝'者，不自悭吝，从其所好，而使之以惠也。如是则内外交诱，可以得其归性之情，而有求以获矣。此二句者，乃临炉采药之要诀。"④ 从这些论述也可看出，求得善侣并不是一件容易的事情。陈致虚诗云："求财求侣炼金丹，财不难兮侣却难。"⑤ 而且，求侣只是修丹的准备条件，其时丹功无成，更增加了求得善侣的难度。赵友钦《仙佛同源》说："得旨之人虽是大彻大悟，尚未遂下手修行，则必和光混俗，其所作所为与众无异……比取鱼兔而乏筌蹄之时，方图依有德有力、大根大器之家以成其事。于斯时也，未有凌空御气之迹、返老还童之验，畏饥渴，惧寒暑，而语人曰：'我道能乘云气，脱生死。'孰从而信哉？所以到处人不肯信。"⑥

地，指选择宜于修丹的地方。无论内外丹或清双修，皆须注意选择适当的修丹之地，所以道教有那么多的洞天福地。对于择地之难，陈致虚在《悟真篇三注》中释"好把真铅着意寻"一句时云："'着意寻'者，先聚法财而后择地。故仙翁曰'始之

① 《藏外道书》第9册，第248页上。
② 《道藏》第2册，第1013页中。
③ 《道藏》第2册，第995页下。
④ 《参同契口义》，《藏外道书》第6册，第577页下。所谓"归性之情"，可窥见其对采药时男女双方不同心态的认识。
⑤ 《道书全集》第40页下。
⑥ 《道书全集》第481页下。

有作无人见’之句者，若不得其善地，则人见之而不可用也。仆向未入室之先，不甚注意于此；及至入室之际，兢兢着急寻择，方知多有难能之事，甚费苦辛。因知‘着意寻’之句，犹不易得。”① 双修派对修丹之地的选择有特殊含义，主张在市廛中修行。陈致虚诗云：“小隐山中大隐廛，廛中造化妙玄玄。凡人未得廛中说，莫入深山隐洞天。”又云：“未炼还丹莫入关，丹头多在闹林间。婴儿姹女一欢会，却向关中养大还。”② 很明显，他对修丹之地的选择是根据修炼进程的不同而有差别。由于双修的性质，陈致虚甚至有在妓院娼馆中修炼之说。他说：“酒肆淫房未尝不戏，却乃非色为色，知色不色，不色中色，色无定色。”③

综上所述，法、财、侣、地等修丹的四个外部条件对丹家来讲都是相当重要的。它们又是互相联系的，其中尤以法、财二者为要，因为世财可以置办侣、地，而真法则可以与世财交易，两相成事。以陈致虚本人而言，其得法之后撰作《金丹大要》，就有求财求侣的目的。其云：“粤从敬受以来，日夕兢惶，恐辜盟誓，且负所望……而为囊中丹财罔措，两稔于兹，访侣求朋，将集吾事。乃不敢秘，焚香告天，启白圣师五祖七真大道，乃引诸列仙丹经作此《金丹大要》。”④

① 《道藏》第 2 册，第 985 页下。
② 《道书全集》第 43 页下。
③ 《道书全集》第 38 页下。
④ 《道书全集》第 7 页上。

二　炼己伏汞，还虚合道

如果外缘齐备，即可依法而行金丹之道。然而对于我们的论述而言，还必须先辨明丹道的几个基本概念。这就是所谓“金丹三大要”：鼎器、药物、火候。《金丹大要》明素蟾序云：“金丹之妙，在乎三大要：一曰鼎器，二曰药物，三曰火候。……三者实为金丹之极要。知此则道家有期，可罢问程矣。”① 可见三者对于丹家实有非同小可之意义。

药物：炼丹必须有材料，这材料就是丹家所说的“药物”。在外丹炼制中，药物为铅汞一类物质；而在内丹炼养中，“药物”则是精、气、神三种生命要素，亦称为内丹的“三宝”、“三奇”或“三业”。内丹修炼，就是修炼人体中的精、气、神。《金丹大要》中说：“《心印经》曰：‘上药三品，神与气、精。’圣人言修炼金丹者，炼精、气、神而已。惟此三者，千古之上，万世之下，无以易之。”②

内丹家将人身精、气、神划分为先天和后天。后天精指淫佚之精及其他体液，后天气指呼吸之气，后天神指思虑之神。陈致虚说：“夫精者，极好之称。美者言精，恶者言粗。……日啖饮食之华美者为精，故从‘米’从‘青’。人年十六则精泄，凡交一次则丧半合。所丧者少，即随日生而补之。所补者，阴精而已。……故欲不节则精耗，精耗则气衰，气衰则病至，病至则身危。……养生之士，先宝其精，精满则气壮，气壮则神旺，神旺

① 《道书全集》第5页下。“道家”或当作“到家”，意谓返还也。
② 《道书全集》第15页下。

则身健。"[①] "今以后天地之气为言。此气生于谷，故从'乞'从'米'(繁体氣字——笔者注)，而蓄于胃，胃亦得谷而生气。……人惟宝精则气自裕，气裕则精盈。日啖饮食之精熟者益气。……气少则身弱，身弱则病生，病生则命危。……气之盛者少衣，内则志坚骨强，外则筋力勇锐，身体秀实，齿白唇红，老而不衰，步履轻快。"[②] 可见，后天精、气、神对于人来说是有意义的，如果世人能够宝爱此后天之物也能健身益寿。但是，丹家认为此后天之物全为有形有质之阴滓[③]，并不能凭借而登仙。《金丹大要》引《悟真篇》云："修真之士若执一己而修之，无过炼精、气、神三物而已。奈何三物一致，俱是后天地生，纯阴而无阳，安能化形于纯阳而出乎天地之外耶?"[④] 因此，丹家"药物"所指的只是先天精、气、神，又称元精、元气、元神。元神指人一念未生时，未被意识、情绪活动所扰乱波动的寂定心体。元气指禀受于先天的元阳真气，产生于脐下。陈致虚说：人出生之时，"剪去脐带，一点元灵之气聚于脐下"[⑤]。元气之气，丹家创造了一个专用字"炁"来表示。元精乃元气之动，此炁动时，能生身中水液，故称作精[⑥]。精、炁、神三者本为一体，因作用不同而分为三。精的作用为化育，炁的作用为运动，神的

---

① 《道书全集》第 15 页下。

② 《道书全集》第 17 页上。

③ 根据中医理论，这些后天之物也有阴阳之分。然内丹家与此并不相悖，因为他们也认为存在后天阴阳，同时还有先天阴阳。阴阳只是两种性质的划分，是任何事物都具有的矛盾的两个对立方面。在此处，内丹家是在先天与后天相对的意义上来讲阴阳之分，后文我们还将看到内丹家对先天精、炁、神的阴阳分判，这两种划分并不在一个层面上。

④ 《道书全集》第 19 页下。

⑤ 《道书全集》第 17 页上。

⑥ 参见陈兵：《道教气功百问》，第 54 页，今日中国出版社，1989 年。

作用为觉知、主宰。三者又互相依存，互相转化。陈致虚云："精依炁生，神依炁旺，神、炁、精三者，无一可离。此所谓'道也者，不可须臾离也'。倘精耗则炁惫，炁馁则神离，可谓之人乎？此所谓'可离非道也'。"① 复引象川翁云："精能生炁，炁能生神，荣卫一身，莫大于此。"② 陈致虚又以精、炁、神三宝的演化来解释人道与丹道。他说："是皆不外神、炁、精三物。是以三物相感，顺则成人，逆则成丹。何谓顺？一生二，二生三，三生万物。故虚化神，神化炁，炁化精，精化形，形乃成人。何谓逆？万物含三，三归二，二归一。知此道者，怡神守形，养形炼精，积精化炁，炼炁合神，炼神还虚，金丹乃成。"③ 那么，陈致虚描述的这一逆修过程与我们前面所说的阴阳二炁和合成丹如何统一呢？《度人经注》以道教传统的"三一"观念解释三宝的关系，云："《本起经》曰：'夫道得三乃成，故三合成德。道不满三，诸事不成。'以内言之，则曰铅、汞、砂。直指其物，则我真性并日用妙化阴阳二炁，合而成三。"④ 真性即元神，那么，所谓日用妙化阴阳二炁就明显是指精、炁二物。由此而知，精、炁即是先天一炁所分之阴阳二炁。因其阴阳属性，陈致虚比之为外丹药物——铅汞。他说："金丹者，以有作合无为，以外铅合内汞。汞，精也；铅，炁也。"⑤ 是知精乃阴炁而一己自有，故称"内汞"；炁乃阳炁却藏于女子身中，故称"外铅"。所以，阴阳二炁和合而返归先天一炁即等同于此处所言

① 《道书全集》第 55 页上。
② 《道书全集》第 15 页下。
③ 《道书全集》第 20 页上。
④ 《道藏》第 2 册，第 410 页下。
⑤ 《道书全集》第 62 页下。

“炼精化炁”阶段。

那么，元神又能起什么作用呢？应该说，元神在炼丹过程中始终起着重要作用。丹家认为，精、炁、神三宝之中，惟元神具有宰制之能，为三宝之主，是内炼的关键。陈致虚说：“夫先天精炁必以神为主，故曰精、炁、神三宝。”[①] 具体来说，丹家认为只有泯灭识神，以元神为主，才能复纯己身后天精气，也才能补足元精[②]。而且，只有以元神为主，扫除欲情杂念，才不会在双修采药之时迷失于女色，也才能明辨时节而采得“真药物”。到了“炼炁合神”阶段，更是将元神作为药物而与先天一炁合炼。最终炼神还虚则纯属性功修炼。正因为如此，陈致虚认为金丹之道乃是性命双修。其云：“夫人之身最灵而至宝者，精与炁也。《心印经》以为上药，张紫阳以为命宝。”[③] 可见，他以精、炁二物相炼为修命之意，而贯穿始终的元神乃是真性。按其理论基础的说法，性命双修，也就是精、炁、神合炼才能与道合真。

陈致虚又对药物进行了内、外之分。他说：“夫外药者，坎中求先天真一之水，水中取先天未扰之铅，铅中采先天太一之炁。此炁即黑中之白，阴中之阳也。……盖真一之水即真一之精气，此炁为天地之母，阴阳之根，水火之本，日月之宗，万物之祖。”“夫内药者，离中求先天之液，液中行先天久积之砂，砂中运先天至真之汞。此汞即白中之黑，阳中之阴也。”[④] 又云：

① 《道书全集》第 64 页下。

② 所谓“补足”，只是一种形象的说法。事实上，“孤阴不生，孤阳不长”，未感元炁，元精也不会自生自长。此处只是说明修炼者为阴阳二炁的感通准备好了条件。陈氏所谓“煞炁一临，生炁自布”（《藏外道书》第 9 册，第 257 页下）大概即指此。

③ 《藏外道书》第 9 册，第 260 页下。

④ 《道书全集》第 22 页。

"外药者，色身上事；内药者，法身上事。……外药了命，内药了性。夫唯道属阴阳，所以药有内外。"① 这里涉及阴阳的诸多异称，盖丹家以天地万物阴阳之道而论丹道，现暂且"搁置"不论，则其外药乃指寄寓于女子身中的先天阳炁，其内药乃指己身元精、元神而言。陈致虚又称之为内、外二丹，或者因其阴阳属性而称为阴丹、阳丹。他说："阳丹者，即外丹也，即外药也。……阴丹者，即内丹也，即内药也。"②

鼎器：内丹家以人体精、炁、神内炼法象外丹炼制，而炼药必须炉鼎。在外丹炼制中，炉鼎是化学反应室。在内丹修炼中，炉鼎则是精、炁、神汇聚与化合的身体部位。内丹理论认为，辨清何处是人身的"炉鼎"，与对"药物"的认识一样，也是内丹修炼的关键。

前文已经说明，阴阳双修派认为修炼的"药物"——阴阳二炁乃从男女身中而得。所以，从总体来说，阴阳双修派所谓鼎炉就是指男女，即修炼者及其异性伴侣。陈致虚注《悟真篇》"安炉立鼎法乾坤"一诗云："炉鼎是彼我，乾坤即男女。灵父圣母所媾之气曰'精华'，又曰'华池神水'，以此变炼于凡父母躯壳之中以成丹，皆仿天地之造耳。"③ 又注《参同契》云："曰偃月炉，曰白虎，曰上弦，曰兑，曰魄，属于西也、彼也、玉池也。曰汞日，曰流珠，曰青龙，曰下弦，曰艮，曰魂，属于东也、我也、金鼎也。"④ 可见其鼎炉正是分指男女，也就是我

① 《道书全集》第 22 页下。
② 《道书全集》第 23 页上。
③ 《道藏》第 2 册，第 991 页上。
④ 《藏外道书》第 9 册，第 234 页。

与彼。

具体到身体部位来讲，陈致虚首先发明了内鼎、外鼎之说。《金丹大要》说："内鼎者，即下丹田，在脐之下三寸。一曰脐后肾前；一曰前对脐，后对肾；一曰脐之下，肾之上。……有道之士，只要认取下丹田之极处为准。下丹田是神炁归藏之府，方圆四寸，一名太中极。太中极者，言当一身上下四向之中，故曰太中极也。又名大海者，以贮人一身之血气，故曰大海。《悟真篇》云：'真铅既返黄金室，一颗明珠永不离。'李清庵云：'乾坤交媾罢，一点落黄庭。'即此内鼎神室也。外鼎者，亦名谷神，亦名神器，亦名玄关，亦名玄牝之门，亦名众妙之门，亦曰有无妙窍。……有道之士，只要认得经营采取之所。"[①] 结合陈致虚对内药、外药的区分来讲，则内鼎是"乾坤交媾""真铅既返"之后的"神炁归藏之府"，即是采得外药返归我身以后与内药交结变炼之所，陈氏明指为我之下丹田。而外鼎乃是"经营采取之所"，即是与采取外药相关的身体部位，陈致虚对此并未明言，我们只能从字里行间来领会。对于"经营采取之所"，《参同契》云："上闭则称有，下闭则称无。无者以奉上，上有神德居。此两孔穴法，金炁亦相胥。"[②] 陈氏释为："'上闭则称有'，上闭为坤，坤之为德，其静也翕。……'下闭则称无'，下闭为乾，乾之为德，其静也专。……仙翁重指曰'此两孔穴法，金气亦相胥。'两句为《参同契》之关键，万世之下，慧饶颜闵，不能自通。云房翁曰：'生我之门死我户，几个醒醒几个悟。夜来铁汉细思量，长生不死由人做。'只那生我之门死我

① 《道书全集》第 23 页下。
② 《藏外道书》第 9 册，第 231 页上。

户，岂非两孔穴也。”[①] 又云：“易道以乾直坤辟为生死之门。”[②] 可见，金炁来归的通道“两孔穴”即为生门死户，属于乾坤，一者动直静专，一者动辟静翕。陈氏又释《鼎器歌》“口四八，两寸唇”云：“口与唇为金炁相胥之门户，是谓鼎之口、器之唇也。”[③] 这里可明显看出，金炁相胥之门户实为二物，分属鼎与器。而且，陈致虚认为钟离权所云“生我之门死我户”乃是说到下梢处，又认为张伯端“劝君穷取生身处”乃是直言[④]。综合来看，郝勤先生认为“内鼎为己身下丹田，外鼎及外炉（偃月炉）实为男女性器官”[⑤]，实乃的论。

陈致虚又解释了阴炉、阳鼎之说。《金丹大要》说：“偃月炉者，阴炉也。中有玉蕊之阳气，即虎之弦炁也。何谓偃月？盖此炉之口，偃仰之间如偃月之状，阴海是也。先天自然真一之火，月生日长于其中，是曰阴炉也。朱砂鼎者，阳鼎也。中有水银之阴炁，即龙之弦炁也。号曰悬胎，以其不着于地而悬于灶中。此鼎入炉八寸，身腹通直，是曰阳鼎也。似此之类，皆不可泥文，切须寻其义也。”[⑥] 郝勤先生认为，这种解释当中的各种暗喻明确显露了双修派的“炉鼎”所指，盖阴炉即女性生殖器，阳鼎为男性生殖器[⑦]。

值得注意的是，陈致虚在论述中还十分重视“两肾之中”。

---

① 《藏外道书》第9册，第232页。
② 《藏外道书》第261页上。
③ 《藏外道书》第268页下。
④ 参见《道藏》第2册，第984页中。
⑤ 郝勤：《龙虎丹道——道教内丹术》，四川人民出版社，1994年，第164页。
⑥ 《道书全集》第24页上。
⑦ 参见郝勤：《龙虎丹道——道教内丹术》，第165页。此说实际上是对外鼎的进一步分疏。

他认为人受生之时“本性继种于两肾之间，妙化之炁自然生发”[①]。而修丹之时以肾中为根，“肾中，根也；神室，蒂也。自根至蒂，根蒂相连，结胎成果”[②]，调和神气时“谨存神于肾间，谓之筑固灵根”[③]。这些内容都是陈致虚从《度人经内义》中得来的，从中可以看出《度人经内义》对其思想的影响。在《金丹大要》中，他引《资生经》云：“脐下三寸为下丹田，方圆四寸，着于脊梁，两肾中间。”[④] 把肾中视为下丹田在脊柱上的附着处。在《参同契注》“流珠金华章第二十四”中他说：“两肾之中，号曰禁门，一阴一阳，一乾一坤。”[⑤] 揣摩其意，似乎是把肾中视为阴阳二炁会和之地。

火候：在丹法中，药物是基础，炉鼎是条件，火候就是方法与实践。因此，具体的火候操作将留待下文与修丹的进程一起论述，此处仅论及火候的一般道理。在外丹而言，火候指的是用符合要求的炉火来运转烹炼鼎中之药，使各种药物化合升华为老嫩适度的丹。比照这个过程，内丹就是要以己身之“神火”来烹炼“炉鼎”中的“真药物”，从而使精、炁、神三宝交合，炼成内丹。陈致虚说：“何云火？火即金砂。何云候？候其时之来，候其火之至。若有世人之炼凡砂火［水］银而成丹者，亦先置

① 《道藏》第2册，第410页中。此处乃是化用《度人经内义》，见于《道藏》第2册，第354页中。

② 《道藏》第2册，第405页中。可参《度人经内义》，《道藏》第2册，第350页下。此说亦见于许明道：《还丹秘诀养赤子神方》，《道藏》第4册，第332页下。可见为萧、许一系所重。

③ 《道藏》第2册，第405页上。亦见于《度人经内义》，《道藏》第2册，第350页中。

④ 《道书全集》第20页下。

⑤ 《藏外道书》第9册，第257页上。

鼎，然后安炉。看其火之可发，此火候也；慎其火之时到，此火候也；察其火之无过不及，此火候也；明其火之老嫩温微，此火候也；若丹已成，急去其火，此火候也。上仙九还金液大丹之道，切类于此。”①

王沐先生说：“火候过程，即炼丹时以神为体，以意为用，掌握精气运行的紧急或缓慢。急行冲关之气叫武火，缓行升降之气曰文火。”② 可见，火候乃以神为主。陈致虚说：“夫火者，神火也；候者，符候也。……中君申令，细意调燮。”③ 中君即指元神。内丹药物的和合乃是精、炁、神三宝的阴阳交合，在此过程中“火”起着重要作用。陆子野说：“虽识得真铅真汞，不知火候，圣胎不结，何哉？盖火性暖而能融物之真，使其交媾。若无火，则铅自铅、汞自汞，各不交矣。”④ 然而，如果没有“真药物”，也不会有火候。陆子野说：“火者，阴阳之气合而内行。内行则温而和，所以能融物之真，使其交媾。阴阳之气不合，即非火矣。”⑤ 陈致虚说：“药非火不产，药熟则火化矣。火非药不生，火到则药成矣。”⑥ 同时，药火必须符合征候，不可妄动。此征候就是鼎内阴阳药物的和合情况。陈致虚说：“火者，药火也。候者，符候也。符者，符合也。”⑦ 又说：“阴阳二者盛衰相侵，若阴阳和，两相饮食，则自然有交感之道。”⑧ 可见，火候

① 《道书全集》第 75 页上。
② 王沐：《悟真篇浅解（外三种）》，第 328 页。
③ 《道书全集》第 29 页上。
④ 《道藏》第 2 册，第 998 页下。
⑤ 《道藏》第 2 册，第 978 页下。
⑥ 《道书全集》第 28 页。
⑦ 《道书全集》第 32 页上。
⑧ 《藏外道书》第 9 册，第 243 页下。

实际上就是丹道遵循阴阳之道而行的具体表现。缘于此，火候可以用天地自然之道来表示，丹家最常用的是月象和卦象。月象暂且不论，卦象被用来表示火候的时候，丹家仅仅是在很粗浅的层面上来运用。在这种情况下，卦象基本丧失了其文化特质，只是用来象征阴阳交合的工具，不可执泥。正如薛道光所说："卦者，火之筌蹄。伯阳作《参同契》，演易象以明丹道……此皆比喻设象。如此苟明火候，则卦爻为无用。学者反泥此而行卦炁，劳形苦思而望飞升者，不亦悲乎？"①

陈致虚又依据炼丹的过程划分外火候和内火候。他说："仆今指出内、外火候，愿后来学人个个成仙也。伯阳翁曰：三日月出庚。外火候也。崔公曰：天应星，地应潮。外火候也。纯阳翁曰：正一阳初动，中宵漏永，温温铅鼎，光透帘帏。外火候也。这般题出，大似分明。广成子曰：丹灶河车休矻矻，鹤胎龟息自绵绵。内火候也。仙师诗曰：谩守药炉看火候，但安神息任天然。内火候也。未炼丹时最难得者，是外火候，此有为作立基之事。内火候则已得丹，但任天然，乃大休歇大自在，无为之功也。"② 细观其意，则外火候为采取外药之火候，内火候即合丹之火候也。

丹家——内丹家和外丹家——认为其鼎炉乃是天地的缩影，药物就如同天地间阴阳二气一样消长和合。与天地自然之道不同的是，丹道有"火"来控制阴阳二物的交合，因此可以加速阴阳凝合结丹的过程。这反映在丹道的时间观上，就是"攒簇法"。陈致虚说："古圣先贤……推度时节，立攒簇法，以一年

① 《道藏》第2册，第1001页中下。
② 《道藏》第2册，第999页上。

七十二候簇于一日，以三百六十爻攒于一月，以三十六符计一昼夜。分俵十二时中，是一时有六候，比之求丹，止用二候之久；一时有一爻，比之求丹，不要半爻之顷；一时有三符，比之求丹，止用一符之速。”① 但攒簇之法绝非妄意而行，也必须依循阴阳之道，否则会有丧失生命的危险。

以上论述了金丹三大要的情况。然而，陈致虚认为这些都是假名托物，修丹只要明晓阴阳之道，循此道而炼炁合道，即尽丹道之要。他说：“圣师深虑世人不能明乎道，不能炼其炁，乃借名为铅为汞，为鼎为炉，为龙为虎，为砂为银，为刀为圭，为火为候，百般譬喻，托物假名，以晓后之学者。”② “要知大道也，莫逃乎一阴与一阳也。”③ 下面我们就以阴阳为中心来简要考察陈致虚所显发的炼丹进程。

1. 炼己筑基——补足后天阴阳

陈致虚说：“金丹之道先须炼己，使神全气盛，七情不动，五贼不乱，六根净尽，精难摇动。”④ 盖神全气盛、精难摇动乃指后天精气神而言，七情、五贼、六根皆指扰乱心神的欲念。所以，炼己的目的就是要达到后天精气充盈、元神为主的状态。陈致虚说：“仙翁丹法要先‘筑固灵株’者，炼己而凝神也。‘温养子珠’者，积精而累炁也。”⑤ 他认为这两个方面又是互相联系的，“资气在于寡欲，欲情不动则精气自相生矣”⑥。看来，消

① 《藏外道书》第9册，第242页上。
② 《道书全集》第55页上。
③ 《道书全集》第64页上。
④ 《道藏》第2册，第996页下。
⑤ 《藏外道书》第9册，第230页下。
⑥ 《道书全集》第17页上。

泯欲念在炼己阶段占有相当分量。陈致虚甚至说："修行之法无他，但能真实绝欲，余皆易事耳。……（绝欲）即炼己之事。"①

具体来说，陈致虚又将炼己功夫分为三个方面。第一是心意方面的锻炼。陈致虚认为，"世人多为聪明所役，耗其神气"，大修行人应该"黜聪明，屏智慧，内照形，外忘我，塞兑而筑固灵株，收视而温养子珠"②。只有炼己达到很高的层次，静心息虑，忘无所忘，才算完成了心意方面的锻炼。陈致虚说："故《清静经》自内观其心，外观其形，远观其物，惟见于空。空无所空，所空既无，无无亦无。无无既无，湛然常寂，寂无所寂……欲岂能生。欲既不生，即是真静。真静方能应物。"③ 可见，陈致虚对炼己持心的要求是相当高的。他自认达到了明心见性的程度，这可从其传授初阳子王舜民的次第上看出来。其《仙佛同源序》云："首以炼己修心告之。明年，授以明心见性之旨。……复以金丹上乘之道晓之。"④

第二是生理上的补亏，也就是复全后天精气神，要达到精满气足神旺的境况。陈致虚说："世人欲知修行金丹之道，必先贵其气而宝其精，使精气复纯，则先天之炁自至。此洞宾老仙所谓：'七返还丹，在人先须炼己待时。'"⑤ 如前所述，这又是以心意锻炼为基础的。陈致虚云："去色欲则精气全，精气全则能降龙伏虎，能降龙伏虎则可采先天之一炁。经云：'仙人道士非

① 《道藏》第 2 册，第 400 页上。
② 《藏外道书》第 9 册，第 230 页下。
③ 同上。
④ 《道书全集》第 460 页下。
⑤ 《道书全集》第 64 页下。

有神，积精累炁以成真。’盖欲不去，则精不固而炁不全。”①

第三是道德品行方面的修养。或许由于双修丹法有悖世俗伦理，深受世人诟病，所以陈致虚十分重视这方面的修养，并随时结合儒家伦理立论。他说：“夫金丹之道，先明三纲五常，次则因定生慧。纲常既明，则道自纲常而出，非出纲常之外而别求道也。”② 他又提倡积阴德：“炼己之功，德行为先。阴行方便，积诸善根曰德；自己尊贵，不欺于心曰行。暗积德而天地明察，多积行而鬼神钦仰。”③ 至于积德的具体内容，陈致虚说：“何谓积德？经曰：‘孝悌之道，通乎神明’，此积德于其亲也。‘诸恶莫作，众善奉行’，此积德于外也。‘持其志，勿暴其炁’，此积德于其身也。‘毋不敬，俨若思’，此积德于其内也。”④

对于炼己的方法，陈致虚区分了大隐、小隐两个阶段。他说：“初学之士，试于无人之境，独行独卧，仍戒饮酒。日则以丹经常玩，夜则以清净存心。眼前既无境乱，内则妄念悉除。稍有魔障，愈坚其心。外则不乏饥渴，内则常加滋补。如此半年一载，待其精炁内固，则自不思欲矣。若欲念未除，是精尚不全，更当固之。……盖无人境处习炼己者，谓之小隐。小隐若定，方可大隐市廛。”⑤ 那什么能称作大隐呢？陈致虚认为应该于境上磨炼，以达到对境无心的境界。他说：“泥丸陈真人谓‘酒肆淫房戏历炼’者，炼己也。炼己日久，淘汰性情，自然忘忘。”⑥

---

① 《道书全集》第 25 页上。
② 《道书全集》第 13 页上。
③ 《道书全集》第 25 页下。
④ 《道书全集》第 73 页上。
⑤ 《道藏》第 2 册，第 400 页上中。
⑥ 《道书全集》第 25 页下。

对于炼己的效验，除了丹家常说的心体常寂、常静常应以及“神全者不思睡，炁全者不思食，精全者不思欲”① 而外，陈致虚认为还会带来体内的具体感受，其云：“若能炼己，则真炁熏蒸遍于一身，如炉中有火，暖炁似烧，故谓之炉火，故谓之炼己也。”②

2．采炼外药——合阴阳二炁

双修派认为先天阳炁潜藏于女子身中，前文已述。因此，他们把阳炁称为外药，言其须从身外而来。陈致虚认为既已炼己纯熟，则可采炼外药，进入正式炼丹的阶段。

《金丹大要》云：“所谓要者，在于庚方月现，子时癸生，取先天真一之炁。”③ 可见陈致虚以为此节工夫乃是炼丹关键，因此发明最多。以下分三个方面来谈这个问题。

采药的时机（火候）　谈采药的时机，则必然对药物有特殊的要求。陆子野说：“阴阳相合，彼此以形质未露之气交于杳冥恍惚中，庶乎可用。倘形质既兆，则为后天，不可用矣。”④ 盖丹家以无形无质表征先天，认为阳炁在彼体之中也时时被后天之物所掩藏，故必须辨明药物之真，以行采取之工。在这里，丹家运用“物极必反”的辩证思维方式，认为后天阴滓之物发展到极致之后，有一个完全消灭的时段，此时先天之物独存。修炼之士必须明辨这个时机何时来临，迅速采取阳炁归于身内。对此，陆子野以鉴为喻，说得较为清楚。他说：“鉴本自明，因尘

---

① 《道藏》第 2 册，第 400 页上。
② 《藏外道书》第 9 册，第 264 页下。
③ 《道书全集》第 9 页上。
④ 《道藏》第 2 册，第 1010 页中。

蒙而遂晦。铅珠独露，缘癸积而渐藏。尘去则鉴体依然，癸尽则铅华仍见。铅当急采，恐癸水渐渐而后生。金亦如之，借鉴尘昏而为喻。”[①] 采取的具体时间，陈致虚称为“他家活子时”[②]。何时才是“他家活子时”呢？丹家认为月象晦尽朔复，正合物极必反之理，故多以月象喻之。陈致虚说：“朔旦日月合璧，月受日符，现一阳之光于庚申之位，此天上太阴也。而此兑金每应月之朔，亦初三日生始阳之丹于混沌之位，此人间之少阴也。”[③] 又说：“修行者与造化同流，拟太阴为准的。每月朔旦，日月合璧，因是而后，一日二日三日，太阴假日之光，现微阳于庚。金丹亦犹是也，人准太阴初生之象，求始阳于癸，此时水源极清，炼之则成仙矣。”[④] 具体到人身，则指女子的月经现象。陈致虚说：“盖一年十二度晦朔弦望，天上太阴有十二度与太阳合璧，人间少阴有十二度以隐形看经，此阴阳之正也。”[⑤] 又说：“人身癸满经行，丧损其气，节尽癸竭，一阳复生。”[⑥] 即示人应于女子经尽复生之际采取阳炁，此即他家活子时也[⑦]。

---

① 《道藏》第 2 册，第 982 页上中。

② 《道藏》第 2 册，第 1007 页下。

③ 《藏外道书》第 9 册，第 236 页上。以晦朔之间比喻采药之机只是丹家的一种说法。丹家亦以上、下弦比采药之机，取其阴阳相半而用其中之意，见陈致虚释“月才天际半轮明”“前弦之后后弦前”等处，可参王沐：《悟真篇浅解（外三种）》，第 57、83 页。

④ 《道书全集》第 66 页上。

⑤ 《藏外道书》第 9 册，第 249 页上。

⑥ 《藏外道书》第 9 册，第 228 页上。

⑦ 此处仅从生理时机而言，实则丹家在心理上也有要求，“活子时”应将二者统一起来。如前文所述，在心理上丹家认为采取之际男子应该心体太虚，女子应当真情萌动。陈致虚引《度人经内义》云：“土，性情也。性虚化而生神，存于室中曰戊土。炁感激而有情，摄于釜内曰己土。戊己既交之后，神怡炁寂，性复情冥。”（《道藏》第 2 册，第 396 页中）其中性与神、情与炁联称，其意可见一斑。又云：“以性求情，即二物（阴阳）之欢会。……则知性情交而真铅生。”（《道书全集》第 60 页上）

双修丹家认为，活子时每次来临皆只在片刻之间，稍纵即逝。陈致虚说：“一卦有六爻，一爻有三符。一日两卦，两卦有三十六符。阴阳相交，不用一时之久，不尽一爻之用，犹一时有三符，止用一符。一符之行，则一阳生于坤之下以成震。”① 换算成现代的时间单位，则一符大约为 40 分钟，采取外药必须在这 40 分钟内完成。陈致虚说：“当其采取之际……一时六候，惟用二候以取药火，不可毫发差谬。”② 又云：“初炼金水之时，堤防以岁月而计。至于合丹之际，止用一符之工夫，久则毁性而伤丹，一亏则伤寿年矣。”③ 至于判断活子时来临的诀要，陈致虚也有所表露。其释《参同契》“金丹刀圭章”，以金生水为喻，教人从伴侣的生理变化侦知活子时，云：

先办真心，求彼兑金，立置坛墠，常加谨护，堤防固济，以待此金之生水也。所生之水，尤当推度而明辨之，要知此水是先天之水耶，是后天之水耶？若是后天，则水溷浊，不可以炼还丹。若是先天之水，又待其水之清而用之也。《诗》曰：“泾清渭浊。”盖泾水清而渭水浊也。修丹者待其泾水之清，优游防闲，不可挠动，是云“水入乃优游”。此水之清，中有真金。周兴嗣曰：“金生丽水，清之至也。”且要知其斤两轻重而后用之。盖此兑金必约十五两重者，借近一斤之准则，是云“金计有十五”也。金重到十五两，则能生丽水矣。何谓“水数亦如之”？非言水亦十五两，要水与金相称，如十五两之金必能生多少之水，故曰

① 《藏外道书》第 9 册，第 226 页下。
② 《道书全集》第 28 页下。
③ 《藏外道书》第 9 册，第 242 页下。“堤防”指炼己。

> "如之"。所以仙翁叮咛，临炉方定其铢两。若十五两之金已生到五分之水，则水过余而不可用，是云"五分水有余"。若此金初生水到二分时，乃真可用，是云"二者以为真"。即此二分之水，必约十五两之金，是云"金重如本初"。若水已到三分者，亦不堪用，是云"其三遂不入"。……下手临炉之工，莫此为要①。

概言之，即是以经验判断"癸水"复生至何时而先天真炁可采用。陈致虚又主张与伴侣"通言"。其云："且入室采药切忌轻言，果若不言，则何以得其药之真。泥丸有云：'言语不通非眷属，工夫不到不方圆。'"② 又云："阳精一点秘形山，言语通时即可还。"③ 至于所言为何事，陈氏并未彻底发露。今见明清种子广嗣一类著作在论述交接时机的时候，多引丹经之言，或许即得自双修丹家的说法，从中或可窥探陈氏"通言"之意。比如，明代袁黄（1533—1606）在《祈嗣真诠》中说：

> 天地生物，必有氤氲之时。万物化生，必有乐育之时。如猫犬至微，将受妊也，其雌必狂呼而奔跳，以氤氲乐育之气触之，而不能自止耳。此天然之节候，生化之真机也。世人种子，有云"三十时辰两日半，二十八九君须算"，此特言其大概耳，非的论也。丹经云："一月止有一日，一日止有一时。"凡妇人一月经行一度，必有一日氤氲之候，于一时辰间，气蒸而热，昏而闷，有欲交接不可忍之状，此的候

① 《藏外道书》第9册，第241—242页。
② 《藏外道书》第9册，第247页下。
③ 《道书全集》第42页上。

也。于此时逆而取之则成丹，顺而施之则成胎矣。其曰“三日月出庚”，又曰“温温铅鼎，光透帘帏”，皆言其景象也。当其欲情浓动之时，子宫内有如莲花蕊者，不拘经净几日，自然挺出阴中，如莲蕊初开，内人洗下体，以手探之自知也，但含羞不肯言耳。男子预密告之，令其自言，一举即中矣①。

采取之方法　陈致虚释《参同契》“二气感化章”云：“人身之阴阳以比天上之日月，诸燧之水火以喻人身之精炁，无情之物尚尔相通，有情有灵自然交感。”② 即是说，他认为阴阳二炁自然感通。但是阴阳二炁的交感却要凭借精深的炼己工夫。陈致虚说：“若无炼己之功，却下手于一时之中，入恍惚杳冥之内，求此先天一炁之大药，岂不危哉？又岂能得之哉？”③ 只要炼己虚心、真静应物，就能明辨时机，采得外药。陈氏认为这就是“先天一炁自虚无中来”的确切含义，因此主张交以不交之交、采以不采之采，实为双修内丹所谓“神交形不交”的上乘功法。在解释《参同契》“关键三宝章”的时候，陈致虚对此节工夫有较详细的发明：

仙翁以耳目口为三宝者，尊重而不敢轻放，是用闭塞勿令发通。入室之际，大用现前，六根大定，方可采炼。“真人”即己土也，“潜深渊”者，用己土去克水以求丹。“浮

① 《四库全书存目丛书》子部第 90 册，第 533 页。明代岳甫嘉《妙一斋医学正印种子编》袭此说，见其书第 6 页（中医古籍出版社，1986 年）。其中“欲情浓动”之说，正可印证他家活子时必然包括心理因素。

② 《藏外道书》第 9 册，第 254 页下。

③ 《道书全集》第 25 页上。

游守规中”者，规中名造化窟也。若炼大丹，于此一符之顷，切须慎密。“浮游”者，常静而又常应，暂时不离，此用“守”者，勤勤内照，诚有所待也。此两句又为《参同契》中合尖处，用一下大斧底工夫相似。……“旋曲以视听”者，非蠢然之闭塞也，内能旋曲委宛，微侦而视听之，使戊土之开阖不隐不瞒，与己土以合同，若吞若啖。……“离炁内营卫”，目光内照也。“坎乃不用聪”，耳须内听也。“兑合不以谈”，希言而调息，以顺鸿濛之施化。惟此三者善于关键，方可缓体处于空房。“缓体”者，优游而不劳。“空房”者，严净而不杂。“委志归虚无”，盖虚无者，炁之所生处也，是曰“先天一炁自虚无中来”，要得此炁，必当委曲志虑以求之也。“无念以为常”，“无念”二字最为受用。真人潜深渊，无念以应之；浮游守规中，无念以候之；呼吸相含育，无念以致之；三性既合会，无念以入之。能应、能候、能致、能入，其功惟多，故以为常也①。

直言之，其要在于关键三宝、中心无念，以己之真意静候癸水之生金炁。先天阳炁既生，则自身阴炁与之自然感通，凭借元神真意引之返归身内②，此谓采药归鼎。

外药之烹炼　内丹家认为，阳炁返还之后，即与己身阴炁凝合，结成“金丹”。陈致虚云：“圣人下工炼丹之初，须知铅汞

① 《藏外道书》第9册，第255页。

② 对于元神真意在采药时的作用，《金丹大要》云：“大修行人早用妙意观察智菩萨役使纥利陀耶佛，八月初三日夜子癸时，急走西川，采铅取金，疾驾白虎，与传送识金刚一同回还，付与妙观察智菩萨，还归神室，与勾陈神君、螣蛇神君面回收贮，关锁封固。”（《道书全集》第20—21页）其中“妙意观察智菩萨”“传送识金刚”，已将元神真意的作用表达得非常形象。

两相逢迎，真一之铅将至，运己汞以迎之，铅汞相合而即成黍粒之丹，饵归黄金室内以为丹头也。”① 又云：“阴阳会，名为一鼎，其大如黍米。经云‘元始悬一宝珠，大如黍米，在空玄之中’者，此也。‘自然之所为’，是皆阴阳造化自然感通之道也。”② 从采取外药到凝结黍米之珠，丹家喻为一时辰之所为。如《悟真篇》云：“月才天际半轮明，早有龙吟虎啸声。便好用工修二八，一时辰内管丹成。”③ 又云：“长男乍饮西方酒，少女初开北地花。若使青娥相见后，一时关锁在黄家。”④ 在这一时辰之中，既已有40分钟用于采取，则剩余的时间即用为阴阳二炁凝合结丹。陈致虚云：“一月之中，止有一日。一日之内，惟在一时。一时之中，分为六候，止用二候以为采取，则一时之中尚余四候。四候之内，却名合丹。合丹之妙，急以己汞合铅，于斯时也，调和真息，周流六虚，自太玄关逆流至天谷穴，而吞入黄金室也。”⑤

对于采炼外药的全过程，可以用《悟真篇三注》中的一段话来总结。陈致虚说：“大修行人炼己纯熟，身心不动，魂魄受制，情欲不干，精气满盈……待彼一阳初动之时，先天真铅将至，则我一身之精气不动，只于内肾之下就近便处运一点真汞以迎之，此谓‘前行短’也。真铅既渡鹊桥之东，汞与混合，却随真铅升辘轳三车，由双关夹脊上入泥丸，遍九宫，注双目，降金桥，下重楼，入绛宫冶炼，此为‘游行自有方’，此谓‘后须

① 《道书全集》第32页上。
② 《藏外道书》第9册，第267页上。
③ 《道藏》第2册，第995页上。
④ 《道藏》第2册，第1000页中。
⑤ 《道书全集》第26页下。

长'也。然后还归黄庭神室，交结成丹。"① 如此，阴阳二炁凝合之后，经过河车运转，去矿留金，反复烹炼，最后结成金丹一粒。这乃是下一阶段的药物之一。

3．金液还丹——合神炁阴阳

陈致虚说："大修行人既得刀圭入口，运己真火以养之。凡运火之际，忽觉夹脊真炁上冲泥丸，沥沥然有声从头，似有物触上脑中。须臾，如雀卵颗颗自腭下重楼，如冰酥香甜甘美之味无比。觉有此状乃验得金液还丹，徐徐咽归丹田。自此而后，常常不绝。"② 其中刀圭即指前一阶段所得之金丹，真火乃指元神真性。这一段工夫即是以金丹（先天一炁）为阳，以元神为阴，而行阴阳交炼之功，其结果即是神炁相凝的金液还丹。金液还丹渐凝渐大，"常常不绝"，最后化为阳神。对于此节工夫，内丹家常以孕育胎儿为喻。所以，金液还丹又称婴儿，以致有"男儿怀胎"之谓。盖丹家认为，阴阳二炁凝结为金丹正如父精母血凝结为胚胎；胚胎既凝则一点元神种于其中，金丹既成则亦与元神真性结合。所以，婴儿（金液还丹）也与人受生之初一样，同时禀赋先天一炁之命宝与元神真性。这也正是内丹家引以为豪的地方。丹家并认为此婴儿也须孕育保养十个月，方化阳神。陈致虚说："夫唯元始还丹之道与人受胎本同。人受凡父母精血之初，亦溟涬混沌而无形。精血既安，一月为胞，二月成胎，三月生魂，四月定魄，五月分五脏，六月开六腑，七月明七窍，八月具八景，九月相足，十月气全，脱胎而生。还丹之道，正类是也。其受灵父圣母妙气之初，必九和十合而金炁始来，亦溟涬混

① 《道藏》第2册，第998页中下。

② 《道书全集》第31页上。

沌，洞虚寥廓，无色无渊之可倚，无形无影之可依。元炁安镇，五行敷落，弥罗周回，冥然凝合，泛啸朗营，复元归空，摄聚郁辅，含孕怀真，生五脏，理五炁，合百神，结胎婴，号曰阳神，出入神化。”①

在这十个月中，修炼者尚须进阳火、退阴符，行卯酉周天之功，待到铅尽汞干方得婴儿成形，其要在于防危护失、虚心无为。陈致虚说：“既得黍珠入鼎，须要温养保扶，心君苟或未善，即恐火化丹失。……至有学者，备历艰难，屡经危险，心胆惊怖，平时在怀。得丹入鼎，切宜驱除，务令清静，勿使牵挂旧虑以乱心君，是谓涤虑洗心，是谓沐浴。偶或留恋，则恐铅汞飞走。”② 又说：“夫温养者，隳肢体，黜聪明，终日如愚而不违，不可须臾离也。如鸡抱卵，暖气不可间断，则抽添之功自见矣。抽添者，以铅制汞之后，逐日运火，渐渐添汞，汞渐多，铅渐少，久则铅将尽汞亦干，化为丹砂，号曰金液还丹之纯阳。则知形化为炁，炁化为神，是曰婴儿，是曰阳神。”③ 在长养婴儿的过程中，似乎并不仅仅是炼合先天精、炁、神三宝，而且要变炼身神及得自凡父母的后天假合之物④。陈致虚《度人经注》云：“‘十过’者，则十月之理。‘诸天齐到’者，万神混归元一。‘亿曾万祖’，乃父母假合之物。‘幽魂苦爽’，即有身之后昏浊之气。‘皆即受度，上升朱宫’，乃炼化假合昏浊之气，超入清净光明之域。‘受化更生，得为贵人’，谓融炼假合昏浊之气俱

① 《道藏》第 2 册，第 422 页中下。

② 《道书全集》第 34 页上。

③ 《道书全集》第 31 页上。

④ 陈致虚认为身神为后天阴神，具体论述参见《金丹大要》卷二《精气神说》，《道书全集》第 19 页。

化阳神，更生真气，万神为一神，万气为一气，长养圣胎也。”① 又以“元始悬黍珠”为喻，曰：“元始登引众真俱入宝珠，元神一定，万神总归，契虚合无，升玄入妙。青元真人曰：道之微妙本于虚无，天真之身岂有容碍，不免同时混骰，所以悬珠应变，示无形者还于无物。……天人仰看成真得道者随入珠口，若天人有累，未可偕行，既入珠口，不知所在。此皆元始示现神化金丹之道，从无入有，以有归无，混合百神于一心，敛藏万有于一息，则天人异见，岂得而知珠内妙化哉?”② 《悟真篇三注》亦曰：“丹成则身圣，阳神出现，号曰真人。阴魔鬼贼化为护法神，身中青龙白虎、朱雀玄武、三魂七魄、三元九宫、三部八景、五脏八识皆化为神，三万六千精光化为神兵矣。”③

婴儿成形以后，即移往上丹田。陈致虚云：“十月功足，是圣胎已就也，则移居上丹田。”④ 然后阳神“娩出”，凡躯之外生成真身。陈致虚诗云：“十月圣胎完就了，一声霹雳上丹田。”⑤ 又引《度人经内义》云：“若火候毕，行脱胎神化之道，圣胎存于髓海之中……忽然如霹雳之声，天门裂开，圣胎脱出，凡蜕为仙，长生不死。”⑥ 接着进行下一段工夫。

4. 还虚累行——超越阴阳

还虚合道一节纯属性功。薛道光说：“九转为九年，在十月胎圆之后作用，即达磨面壁九年之功。……九载功成，形神俱

① 《道藏》第2册，第403页中下。
② 《道藏》第2册，第399页上中。
③ 《道藏》第2册，第987页上。
④ 《道书全集》第86页上。
⑤ 《道书全集》第43—44页。
⑥ 《道藏》第2册，第406页中。

妙，与道合真，圣人强名曰九转金液大还丹也。”① 陈致虚认为命功虽假师真传授，性功却要自己体悟。他教训弟子说：“（真性）人人具足，个个分明了也。尔来到今，而一切世人将自己的撇了，寻问他人，且道他家底事岂容你知，犹你家下之事容他知否？”② 他又将人的意识活动分为见解智识之性和蠢动含灵之性，认为后者才是真性。《金丹大要》云：“见解智识之性不能成佛，惟蠢动含灵之性则能成佛。……彼见解智识，乃是非业障之性；此蠢动含灵，乃造化之性、万灵之性。人惟不知蠢动含灵之性，所以难逃生死，迷于涅槃。彼见解智识之性，以声色争爱而为执着妄想；此蠢动含灵之性，处污秽而有大机大用。彼见解智识之性，起于六贼门头，日为恩爱缠缚，无有休歇；此蠢动含灵之性，在脚跟后如如不动，得大自在。……世人岂认蠢动含灵之性即真佛性。”③ 实教人解粘去缚，认取真性本心。需要说明的是，本节为了论述的方便，仅将性功修炼放在炼己阶段和还虚阶段来讲，而实际上，炼性是贯穿了整个修丹过程的。这一点，陈致虚在《度人经注》中解释“空洞谣歌之章魔王灵篇”的时候讲得比较系统、明白④。其中，“第一欲界飞空之音”与“第二色界魔王之章”教人摒弃欲恶，不着色相，即相当于炼己阶段应达到的境界，此不赘言。到了“第三无色界魔王歌”，陈致虚云：“《太真科》曰：‘无色界中至真无情，色欲俱空，无复形质之患。’修至一天，惟存心识，以入炁观，炁观道成，上升一

① 《道藏》第2册，第1012页上中。
② 《道书全集》第112页上。
③ 《道书全集》第90页下。
④ 见《道藏》第2册，第422—424页。

天。又能去除心识，以至无为，复升一天。若万法在心，若有若无，又升一天。若炁观转妙，结习都忘，洞入自然，即升种民天也。”① 结合炼丹进程来看，即是说，炼已纯熟，出离欲界、色界以后，犹假心识以观先天一炁之生发；及至采得外药归鼎，乃行无为温养之功；然后通过九年面壁，洞入自然，即与道合真也。

在九年炼性的过程中，丹家认为最要紧的是前三年，称之为“哺乳期”，即保养阳神。陈致虚说：“及至十月胎完，脱胎换鼎，不能保固阳神，轻纵出去，则一出而迷途，遂失舍而无归。”② 又说：“炁全神壮换胎时，照护婴儿休远出。”③ 而且，在九年之中还应注意“幻丹”现象。陈致虚说：“又有丹成之后，且要识真辨伪。若功行未满，眼前忽见灵异多端，奇特百出；以至生生之事，如有神见，皆能明之。若此等件，皆为魔障所至，并非真实，切不可认为已灵丹圣。兹乃邪伪妖幻，见吾道成，乃欲引入邪宗，以乱吾真。于斯时也，且要坚持智慧，保养全真。”④

根据陈致虚的言论，似乎在九年关中更有“向上事”。如云：“何谓向上之事？上阳子曰：前胎完就，已成真人，则移居上丹。却重整乾坤，再造阴阳，子又生孙，百千亿化。”⑤ 又释《悟真篇》“三体重生万物昌”云：“此‘重生’专谓修行丹成，

① 《道藏》第2册，第424页上。
② 《道书全集》第34页上。
③ 《道书全集》第40页上。
④ 《道书全集》第34页上。
⑤ 《道书全集》第36页下。

阳神出胎，再造阴阳，复为已上章［事］，云‘三体重生’也。”① 但陈氏于此置言甚少，语焉不详，兹据《性命圭旨》以参详其说。《性命圭旨·性命说》云：

> 未始性而能性我之性者，性之始也。未始命而能命我之命者，命之始也。天窍圆而藏性，地窍方而藏命。禀虚灵以成性，中天地以立命。性成命立，其中有神。命蒂元气，性根元神。潜神于心，聚气于身，其中有道。性有气质之性，有天赋之性；命有分定之命，有形气之命。君子修天赋之性，克气质之性；修形气之命，付分定之命。分言之则二，合言之则一，其中有理。是以神不离气，气不离神，吾身之神气合，而后吾身之性命见矣。性不离命，命不离性，吾身之性命合，而后吾身未始性之性、未始命之命见矣。夫未始性之性、未始命之命乃是吾之真性命也。我之真性命，即天地之真性命，亦即虚空之真性命也②。

详其意，则阳神脱胎只是“吾身之神气合”而达到的“吾身之性命见”，尚须进修以达到“未始性之性、未始命之命”，即与道本体完全合一③。这或许就是内丹家所说的“身外有身，未为奇特；虚空粉碎，方露全真”④。

---

① 《道藏》第2册，第993页中下。

② 《藏外道书》第9册，第512—513页。

③ 有趣的是，这种观念与海德格尔的“此在”与“存在”的关系有类似之处。盖“此在”即是个体的人所禀赋的“存在”，他虽不是“存在”本身，但却通达“存在”。同样，个体的人之所以成为特殊的“个体”，即是因为他从“道”本体“分有”其独特的性命，从而成其为他本人。所以，修行到阳神出现，只是返还到“分有”的性命的层次，还需要借此而通达“道”之全体。

④ 《道藏》第4册，第497页上。

阳神长成之后，仍须积功累行，以待上天之诏，所谓“积功三千，累行八百”是也。陈致虚说：“丹成之士非特独善其身，更宜推功及物，济死度生。《净明经》云：‘吾丹既成，变化自在。所不足者，上帝之诏未至，于是积功以期真命焉。’”①这已完全是宗教性的目标与境界。

第四节　道尊德贵　积善成仙

一　道善为本，欲恶为障

前文已经谈到，内丹家认为，人是从“道”本体禀受元神真性与先天一炁之命宝而生的。在道教观念中，“道”本体无疑是真、善、美的统一体，因此，从伦理的角度来看，人之本性必然是善的。陈致虚也认为，“人生于世，性无有不善”②。他说：“夫人之生也，男则万神唱恭，女则万神唱奉，恭则温良俭让具其间也，奉则婉娩听从其在内也。”③ 可见，人在受生之初就具备了美好的品德。至于人世间存在的恶，陈致虚认为是由于善的亏缺而导致的。他说：“美中有丧恶能成，前后相随高下形。”④具体来讲，就是因为物欲蒙蔽了元神真性，其云：“人无有不善，皆因物欲所蔽，昧其本来，是以恶日长而善日消也。”⑤ 陈

① 《道藏》第2册，第402页上。
② 《藏外道书》第9册，第255页上。
③ 《道书全集》第58页上。
④ 《道书全集》第44页下。
⑤ 《道藏》第2册，第399—400页。

致虚还从神学的角度来解释欲恶之源。《度人经注》云："'百魔隐韵'，身中六根八识、三魂七魄、三部八景二十四神。未知行道之人，皆为其汩乱心君，引归欲界，故曰百魔。"① 又引青元真人曰："内魔不绝是曰精，七情六欲是谓鬼，恼乱颠倒、障我道德，此所谓妖。"② 并具体举了体内的三尸、七魄作为例证，云："'三界'，三尸也。……凡人嗜欲贪淫种种不善，皆尸鬼所使。庚申等日，则诣天曹言人罪过，毫发不遗，欲人速死，彼则欣跃。"③ "七魄使人昏淫……魂不得合魄者，则阳衰阴旺，七魄与阴鬼交通，但思淫乱。……人但念头不正，即便引入邪道，耽滞酒色，游梦众恶，污浊秽行，迷乱多睡，耗精疲神，丧气多病，恼乱至死，彼却纾快。"④

陈致虚认为，人如果以元神真性为主宰，保持赤子之心，则无所谓祸福。其云："（赤子）动不知所为，行不知所之，身若槁木之枝，而心若死灰。若是，则福亦不至，祸亦不来。"⑤ 一旦本心被欲恶所蒙蔽，有了善恶的分判，则善行与恶行将分别带来不同的报应——福与罪。陈致虚说："幻起灭空罪福至。"⑥ 其中，罪给人带来各种惩罚，即是"苦"。陈致虚说："及乎年既长，非负上圣之资，介然自守者鲜。淫朋妄友牵诱于外，声色嗜欲迷惑于内……由此之故，福从色败，害随声至，病因口入，梦

---

① 《道藏》第2册，第409页中。
② 《道藏》第2册，第402页中。值得注意的是，妖、魔、鬼、怪等名称在中国文化中本具道德属性，本然地包含了价值评判，它们是恶的本原。即是说，并非其所做的某种具体行为被视为不道德，而是其本身就是不道德，就是"恶""丑"。
③ 《道藏》第2册，第402页上。
④ 《道藏》第2册，第405—406页。
⑤ 《道书全集》第85页上。
⑥ 《道书全集》第110页下。

生醉死，递递何穷。”[①] 又说：“欲根才动，罗酆起漫漫之黑云；六鬼交锋，妖精趱淋淋之苦雨。”[②] 在这些苦楚当中，最痛苦的莫过于丧身失命。《度人经注》云：“‘北都泉曲府’，世之欲海；‘中有万鬼群’，总皆色类。若人耽迷，则遏算而绝命根。”[③] 那么，如何才能摆脱欲恶带来的“苦”呢？陈致虚说：“一切常人醉生梦死，皆为妖魔所害，而反以为乐者，何也？六欲七情之未除故也。大修行人七情俱忘，六根尽净，则魔精丧其瞎眼而变为慧眼，鬼妖灭其精爽而化出神通。”[④] 又曰：“‘河海’比爱河苦海也。人心被妄幻所有，则爱从情出，苦从识至。若修金丹，要德合天地，道同圣真，则爱河静息而苦海渊默矣。”[⑤] 即是说，只有通过修行金丹大道，去除欲情而返回到元神为主的状态，才能真正出离苦海。

关于修行金丹大道的基本原理与流程，笔者已经在上一节做了说明。在道德修养上要除欲返本，陈致虚主要分两个方面进行了阐述：一是宣扬“道—善”，欲人仿慕；一是对治欲恶，戒人勿为。

先看第一个方面。道教认为，神灵仙真与道合体，神仙即是“道—善”的人（神）格化。所以，宣扬“道—善”最简便的方法就是显发神仙的善行，树立道德的楷模。陈致虚着重发明了神仙慈悲悯人的普度情怀。其云：“彼神仙者，慈悲为心，不顾

① 《藏外道书》第 9 册，第 255 页上。

② 《道藏》第 2 册，第 423 页上。“六鬼”，指眼、耳、鼻、舌、身、意六识；“交锋”，谓六识交于外境。

③ 《道藏》第 2 册，第 423 页上。

④ 《道藏》第 2 册，第 402 页中。

⑤ 《道藏》第 2 册，第 401 页下。

讪毁，惟欲化人成道而已。”① “纯阳、海蟾、重阳诸祖，特愍世人闻道者少，虽证帝位，立誓度人，故出没变化，往来尘世，必其可者度之。”② 又赞张伯端曰：“仙翁恻隐之至矣，但欲世人修道以脱轮回。”③ 而且，陈氏并非仅仅停留在说教上，而是身体力行，游历大江南北，广度门徒，这一点已经在第一章中详细阐述。他还在醮仪上章中恳求道：“次期上士贤良，俱明大道；迷愚诳诞，悔发信心；酥酪成河，醍醐灌顶，土皆碧玉，地遍黄金。”④ 甚至甘愿为了度人而受责罚，云：“仆愿天下人，愿后世万万人，皆以此而成仙作佛，仆亦甘受漏泄之咎。真仙圣师在上，天地神明鉴之。”⑤

神仙的德行或许只是为普通人“高悬”了一个理想与目标，那么，在现实中应该如何遵循“道—善”的要求来生活呢？陈致虚首先肯定了儒家伦理的存在价值。他在《道德经序》中说：“其旨意先有为而后无为，非蠢然无为也；本道德而后仁义，非毁于仁义也；尚仁义而后礼，非弃于礼也。”⑥ 通过沟通《道德经》与儒家伦理的关系，表明儒家伦理以大道为本，正是“道—善”在世俗生活中的表现方式。陈致虚接着说：“君臣也，父子也，夫妇也，兄弟也，朋友也，此大道之纲常也，万世之不可易也。降魔也，斩蛟也，此道成之事也，适时而造就其功也。老子之道即金丹之大道也。夫金丹之道，先明三纲五常，次则因定

① 《道书全集》第 57 页上。
② 《道书全集》第 8 页。
③ 《道藏》第 2 册，第 975 页中下。
④ 《道书全集》第 100 页下。
⑤ 《道藏》第 2 册，第 998 页下。
⑥ 《道书全集》第 12 页下。

生慧，纲常既明，则道自纲常而出，非纲常之外而别求道也。”①所以，儒家纲常伦理乃“大道之纲常”，不仅是处理日常事务的万古不变的准则，而且也是入道修丹的首务。在后一种意义上，陈致虚说：“其尽人道而修天道，则仁与义兼而阴与阳合……而仙之道成。”② 因为纲常之道毕竟是日用常行之准则，陈致虚恐人由此执着于凡尘俗世，故标举圣人之例，教人正确对待纲常之道。其云：“世之人壮而必婚必娶者，以续纲常也。若也中年，却能保爱其身者，圣人也。故孟子四十不动心，庄仙五十而知四十九年之非，孔子五十而知天命。”③ 又云：“（圣人）年壮而育子者，续纲常也。及乎四十而不惑、不动心者，不为爱育［欲］之所制也。”④ 对于入仕之人，陈致虚甚至直接示以仕宦之德，以期更好地承担社会责任。其云：“仆亦尝遇显宦于要道而当路者，必先以四者勉之。四者何也？曰廉，曰明，曰能，曰仁。则廉明者，知也；能仁者，勇也。惟仁者，实夫人之前程，惟广而普及于民物，是即圣门智、仁、勇之谓也。倘廉而不明，则非廉也，罢软也。倘明而不能行，则非明也，好察也。倘能行而不仁，则非能也，乃酷也。知斯四者，其不谓之全才，吾不信也。”⑤

在对治欲恶方面，陈致虚强调了戒律的重要性。他说：“若有经而无戒，犹有鱼而无筌。昔老君五戒授尹真人，一百八十戒授于真人……其他载经忏者多，然皆以戒欲为首。故老君曰：若

---

① 《道书全集》第 13 页上。
② 《道书全集》第 75 页上。
③ 《道书全集》第 54 页下。
④ 《道藏》第 2 册，第 977 页下。
⑤ 《道书全集》第 70 页下。

能全戒于内，和光于外，庶几灵标之崖矣。欲心尽净，方可成功，则生死受赖，其福难胜也。”① 并且列出了十余种恶业，要人守戒而禁绝之。其曰：“《书》云：闻其声，不忍食其肉。夫念想见闻，皆谓之杀，折伤一切曰害，毁人良能曰嫉，恨彼富贵曰妒，不绝妄想曰淫，取于非义曰盗，好爱无厌曰贪，见物起念曰欲，谤毁胜己曰憎，疑忌正直曰娼，虚言诈诞曰华绮，语不规检曰恶声。十恶之业，惟淫欲为诸业之首，修行之士，先当屏绝。……欲罪若无，十业俱弭，齐同慈爱，物我兼容，异骨成亲，自利利他，国安民丰，欣乐太平。”②

既然存在着善恶两端，则自然引出了对善恶行为负责的问题。对此，陈致虚坚持“善有善报，恶有恶报”的普遍的伦理原则。其云：“善恶昭昭网不疏，伤人抵罪岂差殊。种禾种粟不生豆，恬退无为是护躯。”③ 那么，如何判定道德与否呢？陈致虚认为人自己并不能成为道德的评判者，这是由于“人之修德，自云有德而实无德，缘以妄想，德不感通。修行之士，德愈深厚，自不想德，天地神明、日月星辰，德皆感彻”④。因此，陈致虚把道德的评判权力交托给神仙，这实际上有赖于神仙的两种属性。第一，从伦理属性来讲，神仙是“道—善”的化身，是全善的，所以能够成为道德的尺度，并保证评判的公正性，做到

① 《道藏》第2册，第431页下。
② 《道藏》第2册，第400页上中。
③ 《道书全集》第49页上。
④ 《藏外道书》第9册，第264页下。或许正因为如此，陈致虚特别强调行阴功、积阴德，即不自言有德而求报。其云：“阴行方便，不求人知，斯为积德之第一助。”（《道书全集》第65页下）又云：“夫老氏之道，宝精气，修返还，尚清虚，寡嗜欲，薄饮食，离尘缘，广慈悲，树阴德，损之又损，至于无为，是则为老氏之徒。”（《道书全集》第56页下）

“天无私亲，辅于有德”①。第二，从神学属性来讲，神仙全知全能、无所不在，所以不会有任何遗漏，保证了评判的准确性。陈致虚说：“修学之士，见善勇为，有过即改，改过则神明阴卫，积善则功德尊高，诸天记人功过并无遗失。”② 又说：“虽所修至密，所为莫知，然渺渺大罗之天无不严校而纪录。”③ 神仙既已考量、判定了人的善恶，就依据善恶的情况予以奖惩。比如，陈致虚说：“或宿名玄图，骨相合仙；或修斋奉戒，功德积感；或敬奉三宝，善功彻天；或供养师宝，为三官所称。名在诸天者，各为严行考校，据功量品，随其高下，应受升度也。”④ 又如：“夫绝欲之士，上圣每加阴护，鬼神暗中钦仰，丹道自然成真。”⑤

二　进道之阶，成道之由

既然金丹大道是向“道”本体的逆归，修炼者就必须达到“道—善”的要求，这样才能完全与“道”合同。因此，道德修养对于丹道来说是相当重要的一个方面。陈致虚说：“金丹之大道，必先积德而后可闻，否则为之颠踣。……故道之与德，犹阴之与阳，二者不可一缺。若阴而无阳，不得谓之道。若道而无德，未可言金丹。”⑥ 又云：“德者，修行之上事也。修道而不修

---

① 《道藏》第 2 册，第 993 页上。
② 《道藏》第 2 册，第 432 页上。
③ 《道藏》第 2 册，第 413 页上。
④ 《道藏》第 2 册，第 412—413 页。
⑤ 《道藏》第 2 册，第 400 页中。
⑥ 《道书全集》第 62 页下。

德，是有阴而无阳，道德全修，阴阳自配。”[①] 他甚至认为积德是修道的先决条件，是修炼中最为困难的事情，“行道不易，积德最难……学道而不修德，犹行而无足；求道而不积德，犹饥而乏粮”[②]。所以，只要积德而修金丹，则必能有所成就。陈致虚云：“若夫上士负勤行之才，混尘离俗……建德建功，自利利他，施德无望报者，是名才德兼全而成仙作佛也。”[③] 所谓“施德无望报”，即指积阴德，如前文所言，这是陈致虚特别强调的一点。其云：“盖还丹先须积阴德。夫施与不求报，阴德也。积善无人知，阴德也。不陷人于险，阴德也。暗中作方便，阴德也。大修行人自己积德未充，鲜不为外魔所攻，若能回思内省，发大忍辱精进，则魔障化为阴德。经云‘彼以祸来，我以福往；彼以怨来，我以德报’，皆阴德之盛，祛魔之功也。”[④] 具体结合求道、修道的过程来看，则每个环节都对修炼者的德行有所要求。

首先是求道。陈致虚说：“此道妙矣，倘非慈悲利物、济人阴德之士，则万生难遇也。”[⑤]《醒眼诗》又云：“万善无亏必遇师，须从言下悟玄机。若无善行难遭遇，纵有师传未免疑。”[⑥] 既已得遇真师，则必须尊师。其云：“师教也，德且至矣，其有且多矣。非师恩也，奚陶铸之也欤？”[⑦] 与此同时，度师也要考

---

① 《藏外道书》第9册，第264页下。

② 《道书全集》第72页上。

③ 《道书全集》第63页上。

④ 《道藏》第2册，第1008页上。

⑤ 《道藏》第2册，第1013页上。

⑥ 《道书全集》第43页下。“万善”，《道书全集》作“禹善”，据《道藏》本改。“禹”盖“萬”泐上而讹。

⑦ 《道书全集》第79页下。

察求道者的道德品行，如果妄泄轻传，则对彼此都有损害。陈致虚云："后之学者，慧眼未开，宜先审其忠孝正直，善恶贤愚。大道非正人君子，非素所好善者，端不可与。切莫嗜利，妄泄轻传，倘非其人，彼此受谴，况欲其敬师成道乎？"① 从第一章中我们已经看到，陈氏本人即非常强调弟子的道德品质。至于道德考察的内容，陈致虚分为功、行、德三个方面："为善至矣，可以闻道，可以修身，可以永年，可以成仙，可以成佛。……何谓善？曰功也，行也，德也。积功闻道，广德资身，累行成仙。阴行方便，是之谓功；真履实践，是之谓行；广大包含，是之谓德。三者备也，则斯人也，许闻至道"②。

炼己阶段包含有道德品行的修养，上一节已有说明，陈致虚更认为这种道德修养对后天精、气、神的保养具有直接的作用。他说："得此道者，莫不勇猛精进，莫不坚固智慧，莫不遏恶扬善。夫善之一字，乃入道之梯航也。是以常人耳常闻善则肾不走精，口常语善则心不失神，鼻常嗅善则肺能安魄，眼常视善则肝能育魂，意常思善则脾能生炁，黄中通理。大修行人，奚可以不善欤？"③ 在寻求外药的时候，也要凭借德行。陈致虚释《悟真篇》"黄芽白雪不难寻"一诗云："黄芽、白雪皆混元窈冥之中所产真一之炁，前言真铅要着意寻，此乃言'黄芽白雪不难寻'者，为凭德行故也。……此道无德行者，终不成丹。谚曰：'言清行浊休谈道。'若知道而未积德，即如鱼之无水、灯之无油，

① 《道书全集》第8页下。
② 《道书全集》第65页上。
③ 《道书全集》第38页上。

若何而成还丹哉!”① 到了采取外药时，如果没有德行，就不能明辨“他家活子时”而采得可用之药物。陈氏云：“此乃道高德重神仙中人方能隐用此机（即活子时——笔者注），而非谗德殄行庸常之人所可知之。偶或知之，非疑则惑，何哉？无德故也。”② 及至得药入鼎，胎婴已结，行温养工夫，陈致虚以为此际当守谦让礼下之德。其云：“当时且让，凡事宜让。饶人先鞭，取他快意。如愚似讷，显道人之家风；礼下不争，乃神仙之上计。”③ 待到十月胎完，身外有身，尚须积功累行以待飞升。陈致虚说：“进修内功，成就外行，方可言仙。内功者，火候脱胎神化之道。外行者，济人利物……经云：‘学者虽守道，不作功德，亦不能得道。’若内丹成，积修外行，则功满德就，飞升金阙，游宴玉京，真不虚也。”④ 至于积功累行的形式，陈致虚也略有列举：“丹熟胎完，婴儿成就而成真人，三年九载，立行累功。或留形住世，接物度人，如安期生、蓝采和是也。或入仕途，匡时理世，东方朔、窦令君是也。至如五祖七真慈悲接人，张、葛、许、浮丘诸祖师乘时救劫，伺诏飞升者也。”⑤

三　不采之采，无伤于彼

阴阳双修丹法与世俗伦理最大的冲突，即在于使用女鼎。为了消解这个矛盾，双修丹家主要从以下五个方面为双修进行

① 《道藏》第 2 册，第 986 页下。
② 《道藏》第 2 册，第 1008 页中。
③ 《道书全集》第 58 页下。
④ 《道藏》第 2 册，第 403 页下。
⑤ 《道书全集》第 36 页下。

辩护。

第一，从双修丹法总体来看，正如陆子野所说："正人行邪法，邪法悉归正。邪人行正法，正法悉归邪。"① 即是说，方法的正邪取决于修行者的品行。而双修丹法对修炼者的道德要求已具述如前，这就间接说明了此法并非不道德的邪径。而且，历代双修丹家在这个问题上都极力与旁门秽行划清界限，陈致虚也在其著述的很多地方坚持这种立场。如云："且修炼事大，既非烧煮，而下手采取又不得而闻见也。言其采取者，采何物也，取何等也，吾今重为显说。夫采取者，采先天之炁，取真一之铅，采坎中之爻，取水中之虎，采黑中之白，取阴中之阳，却非傍门采精取血，又非入室补脑还精，非用灵柯一深九浅，又非三峰采战秽行，彼皆一等浊俗愚夫不求真师，迷迷相指，非惟自失，并害道真。"② 并且，双修丹家还告诫世人，如果把双修丹法妄等于旁门左道就是谤道，是会招致恶报的。薛道光说："若说三峰二十四品采阴之法，是即谤毁大道，九祖永沉下鬼，自身见世恶报者，道不可毁，犹天之不可阶而升也。"③ 陈致虚也说："世之愚人若指为采战之说，或谓闺丹之术者，则祸及于身。"④

第二，正如前文讨论法、财、侣、地时所言，双修丹家主张，正确对待异性伴侣不仅要用财，更要凭德行。陈致虚云："此宝（指先天阳炁——笔者注）人间有之，惟用财以得其欢心，又凭德行以济之。"⑤

① 《道藏》第2册，第970页下。
② 《道书全集》第26页下。
③ 《道藏》第2册，第1012页上。
④ 《道藏》第2册，第1012页中。
⑤ 《道书全集》第25页下。

第三，根据双修丹家的丹道理论，从女鼎采取的外药原本就是自家之物，不过寄放在彼处而已，所以，采取外药只是取回自家暂寄之物，不属于不道德的行为。陆子野云：“且道金丹是何物？咦，分明元是我家物，寄在坤宫，坤是人。”① 陈致虚更是举了一个生动的例子来说明：“返者，返我之本；还者，还我之源。何谓返本？何谓还源？且设一论，如人将百金寄放于西邻，因久而忘之，遂至困乏欠给，一朝之内忽觉悟之，即访西邻而得之也，适充其用，喜可知也。是之谓返本还源。”②

第四，与异性伴侣入室采取必须凭德行。陈致虚说：“降伏者，切在于德；采取者，不外乎道。道无德不能采取，德非道无以降伏。”③ 根据上一节的讨论，只有炼己纯熟才能行采取之工，所以，这里的“德”即指炼已绝欲而达至的元神为主、真意为用的状态。在这种状态下，根本是没有善恶分判的。具体来讲，陈致虚认为下工采取之时，修炼者需要“用心若镜，不将不迎，应而不藏”④。他说：“仙翁以一点真阳而比虎者，言虎之为物最为难制……则于采药之时，牢把一念，犹‘内观其心，心无其心；外观其形，形无其形；远观其物，物无其物’之义，却能迎之以意，则玄珠产于丹田中矣。”⑤ 因此，从动机的角度看，并没有不良善的动机。又从对方来看，前文已经说明，外药之生发并不仅仅是一种生理现象，很大程度上还取决于对方的心理状态。所以，对方必须是自愿的、心情欢悦的，也就是说，修炼者

① 《道藏》第 2 册，第 976 页下。
② 《道书全集》第 29—30 页。
③ 《道书全集》第 56 页下。“降伏”，指降龙（汞）伏虎（铅），意即采取。
④ 《道书全集》第 58 页下。
⑤ 《道藏》第 2 册，第 980 页中。

必须尊重对方的主体性，《悟真篇》所谓“饶他为主我为宾”[①]应当有意于此。可见，采取乃是“你情我愿”，不可能有强迫、恶意的行为。而且，采取的方式讲究“采以不采之采”[②]，没有身体接触，并不会有不道德的行径。

第五，从丹法的效果来看，双修丹家追求的是有益于我，无损于彼。陆子野说：“求铅伏汞之法，要在调和，使无太过不及之患。太过则恐伤彼，不及恐不结丹。”[③] 又说：“无损于彼，有益于我。神哉！水中之金乎。”[④] 陈致虚也说：“‘两国全’者，彼既无亏，我亦济事。”[⑤] 对此，曾传辉博士有一个较为平实可信的说明，云：“修炼者从对方所得到的是他（她）在炁足神涨之际自然的放射，我所得到的还丹，是彼家自然且必然要舍弃的药物，补人疗己而无一损伤，故《悟真篇》说：‘大小无伤两国全。’”[⑥] 愚意以为，或即如牛黄、狗宝，对牛和狗而言不过是体内的结石而已，但对人来说却是治病的良药。因此，所谓“采取”并非损人利己的不道德行为。

总的来说，双修丹家所着力论证的，是“采取”这一事件中我与彼的关系，他们认为这种关系并不是不道德的。应该说，

---

① 《道藏》第2册，第997页上。

② 从哲学的角度思之，所谓“不采之采”，前一个“采”指具体的采取行为，“不采”即弃绝了一切具体的采取行为，因此，后一个“采”乃是本体意义的“采”(取得)，是使一切具体采取行为成其为“采”的“采”本身。很明显，只有这种本体意义的“采”才能作用于同样具有本体意义的“先天阳炁”，而具体的采取行为只能作用于后天滓质之物。这里想要说明的是，既然没有一切具体的采取行为发生，则自然不会有不道德的行为。

③ 《道藏》第2册，第991页下。

④ 《道藏》第2册，第1003页下。

⑤ 《道藏》第2册，第991页下。

⑥ 曾传辉：《元代参同学——以俞琰、陈致虚为例》，第242页。

这种论证方式与世俗伦理的论证方式存在着本然的分歧，所以得出不同的结论并不是奇怪的事情。大概世俗伦理认为，道德的行为应该是可以普遍化的，可以抽象成一种原则，从而适用于整个社会。因此，双修这种行为与已有的抽象原则（世俗伦理对男女关系的规定）是不吻合的，如果将其普遍化则可能对社会造成坏的影响。有趣的是，有关这两种论证方式的分歧在现代伦理学中也有所讨论。特朗托（Joan C. Tronto）认为，“康德式的道德观”主张道德是由一系列可普遍化、公正的、关系到什么是正当描述的原则所构成的。而按照“情境道德”的基本原则，道德必须视为具体的东西，即特有社会中的特定行为，它体现于特有社会的规范中，而不能被理解为抽象的原则①。大致来看，世俗伦理相当于“康德式的道德观”，而双修丹家的伦理辩护则接近“情境道德”的立场，二者都有其合理的地方。所以，对于具体事件的道德判断，只能是仁者见仁，智者见智。

第五节　三教一家　皆论金丹

儒、释、道三家的相互影响与融会一直是中国思想史研究的大课题，但本节不拟寻究陈致虚的著述中受儒、佛思想影响的痕迹，仅将焦点集中于陈氏对“三教一家”的论述。

总的来讲，陈致虚认为“三教一家，实无二道”。他说：

① 参见 Joan C. Tronto：*Moral Boundaries*，Routledge，Chapman and Hall，Inc. 1993. 转引自陈云：《生态女权主义与道教生态关怀》，四川大学硕士论文，2004 年，未刊稿，第 17 页。

“吾所谓术者，则非小伎也，乃天地阴阳造化生生之道也。如顺则生物生人者，是后天地之道也；逆则成仙成佛者，是先天地金丹之道也，此所谓术者也。……伏羲周孔之《易》，术也，故曰：一阴一阳之谓道。孔子曰：慎斯术也，以往其无所失矣。释云佛法者，法即术也。是以《华严合论》云：一切巧术，智增悲妙。道曰黄老之术，盖言黄帝老子皆以此而成道也。三教一家，实无二道。”① 即以为三教都是“先天地金丹之道”。正因为如此，陈致虚对“三教一家”的论述都混融在丹道理论中，故理解其关于三教的言论必须要结合丹道思想来分析。

陈致虚在《金丹大要》卷七专辟一节，以师徒问答的形式集中阐发自己的“三教一家”思想，其云：

> 弟子曰：“蒙师指示金丹之道也。敢问古之圣人立教分三，师乃合三教而归一家。夫如是矣，道惟一乎，抑有三乎？”上阳子曰：“天下无二道也。昔者孔子曰：‘参乎，吾道一以贯之。’老子曰：‘万物得一以生。’佛祖云：‘万法归一。’是以谓三教之道，‘一’者也。圣人无两心，佛则云‘明心见性’，儒则云‘正心诚意’，道则云‘澄其心而神自清’，语殊而心同。是三教之道，惟一‘心’而已。然所言心却非肉团之心也，当知此心乃天地正中之心也，当知此心乃性命之原也。是《中庸》云：‘天命之谓性。’《大道歌》云：‘神是性兮炁是命。’达磨西来，直指明心，见性成佛。是三教之道，皆当明性与命也。孔子曰：‘一阴一阳之谓道。’老子曰：‘万物负阴而抱阳。’六祖教旨示云：

① 《道藏》第2册，第971页中下。

‘日与月对，阴与阳对。’是三教之道，不出于阴阳二物之外也。孔子曰：‘成性存存，道义之门。’老子曰：‘玄之又玄，众妙之门。’佛云：‘无上真实，不妄之门。’是云三教各门而同归者也。是以教虽分三，而道则一也。若云有二者，即非圣人之心也。后之所谓三教者，各指其门而不能升其堂，况欲入其室乎！是以尊孔子者谓之儒，虽读其书而不知其性命之道也；尊释迦者谓之佛，日拜其佛而不知屋里之真佛也；尊老子者谓之道，日游于中而不知金丹之大道也，是皆名而不实也。其崇儒者，是非今古，訾毁佛老，却不明孔子一贯之道是何物也。其尚佛者，口谈禅机，勤劳枯坐，而不明最上一乘之道是何物也。其习老氏者，烧结汞砂，弄尽傍门，却不明金液还丹之道是何物也。若知还丹之道而勤修之，则谓之‘上仙’；若知一乘之道而勤修之，则谓之‘真佛’；若知一贯之道而勤修之，则谓之‘大圣人’矣。”曰：“三教各门而道则一，弟子敬受教矣。而又有一贯、一乘、金丹之道为异，敢问其名之不同欤？”曰：“一贯即一乘也，一乘即金丹也，金丹即一贯也。夫人皆禀阴阳二炁之全而生者也。既禀阴阳二炁，则必能变化矣。物之久者成精，松之久者变茯苓，鱼之久者化龙，草之腐者化萤，而况于人乎？人也者，为万物之灵也。人能久固其真也，谓之‘真佛’；人能久存其神也，谓之‘神仙’；人能超凡入圣也，谓之‘上圣’。皆不离于性命也，皆不逃于阴阳，而皆出入于中心，总谓之‘金液还丹’，是云‘圣人无两心’也。”[①]

概括起来，这段话有两层意思：三教之道本一，而后世不能深达堂奥，所以分而为三。对于三教之道为一的观点，陈致虚主要从四个方面进行了论证，即三教皆论“一”、心、性命、阴阳。后三者都很清楚，而“一”究竟何指呢？陈致虚云：“一者，己也，戊也，会此‘一’字，是参到伯阳心地上了。子曰：‘吾道一以贯之。’老子谓：‘得一万事毕。’释氏云：‘万法归一。’故‘天一生水’者，要知此水从一中而生。‘一中’者，坎之中爻也。一者掩，则聚精会神，一者蔽，则分灵布炁。人能知一，则宇宙在乎手也。人若得一，则万化生乎身也。”[②] 结合其丹道思想来看，“一”即是指先天一炁。因此，陈氏论证的四个方面可以用“阴阳”统合起来——“一”是炁，即是命；心指本心真性，即是神；性命即神炁，从丹道理论看，神（性）炁（命）即是阴阳。无怪乎他最后总结说：“皆不离于性命也，皆不逃于阴阳，而皆出入于中心，总谓之‘金液还丹’。”对于后世儒、释、道的分离，陈致虚又说：“孔子与佛皆明此道，非别有一道也，后来乃分三教。儒者不明曾子、子思之相授受是何事，却猜之为日用常行。释者不能明心见性，只得念诵顽坐。道则不究金丹窍妙，以为焚修法术，皆非道也，盖未有所授受耳。”[③] 即是说三教后人未得授受，不能究竟金丹大道，所以舍本逐末，愈差愈远。下面，我们就按照陈致虚的这两层意思来具体探究其“三教一家”的思想。

① 《道书全集》第87页。
② 《藏外道书》第9册，第230页下。
③ 《道书全集》第11页上。

一 三教无异，俱论阴阳

要理解陈致虚对“三教一家”的论述，首先必须搞清楚他站在丹道立场对儒、释二家一些重要概念的阐发。

1. 西南得朋，乃与类行

这句话出自《周易》。陈致虚说：“《易》曰：‘西南得朋，乃与类行。’夫‘西南’者，金火之所在；金火者，铅汞之复名；铅汞者，人身之精气也。缘此精此炁，非常人之所言者，乃先天之精气也。”[①] 又说：“夫乾之为物，阳也，处于东北之乡。坤之为物，阴也，生在西南之地。《易》曰‘西南得朋’者，以阳而求乎阴也，以玄而生乎白也，以汞而迎乎铅也，以虎而配乎龙也，以神而合乎炁也。又‘西南’者，庚申之位，月魄所由生也，人亦然也，是云‘与日月合其明’。”[②] 结合陈氏的丹道思想来看，则“西南得朋”意味着修炼者求得同类之药物，以外铅而合内汞。同时，“西南”也是太阴初感太阳之光而生明的方位，喻示着采药的火候。

2. 集义所生，配义与道

这两句出自《孟子·公孙丑上》，同卷还有其他相关论述，都成为陈致虚发挥的基础。陈致虚说：

> 孟子曰：“吾善养吾浩然之气。其为气也，至大至刚，以直养而无害。”又曰：“是集义所生者，非义袭而取之

① 《道书全集》第 64 页下。
② 《道书全集》第 64 页上。

也。”又曰：“持其志，无暴其气。”又曰：“志至焉，气次焉。”“次”者，随而至也。又曰：“志者，气之帅。”既为气之帅，必为气主，为之主者，使之来即来，使之住即住。又曰：“配义与道。”若大智慧的，于此便分清浊。何以故？曰“吾善养”，既而曰“以直养”，此乃发明《易》中之“直”。夫乾，其静也专，其动也直，是以大生焉。故周子《爱莲说》“中通外直”，亦是意也。又曰“是集义所生者，非义袭而取”，复云“配义与道”，以是而知孟子以仁义言之。又曰“持其志，无暴其炁”，“志至焉，气次焉”，则知孟子非特善养，而亦善取。曰：云何取？曰：以直取。曰：云何来？曰：义所生。曰：云何见？曰：以志为帅，以是知，以是见①。

又说：

古之真人欲理其性，先保其精，欲永其命，先淳其气。是孟子曰：“吾善养吾浩然之气。其为气也，至大至刚，以直养而无害，则塞乎天地之间。”若以孟子为寓言，则圣贤宁如是乎？若以孟子为教言，则人一身之气岂能塞乎天地哉？然必有其道矣。道者何耶？命也。即经云“天命之谓性，率性之谓道”也。夫欲了命，必先修性，性命双修，何忧不仙也。且性若何耶？义也。故孟子曰：“是集义所生者，非义袭而取之也。”若义袭而取，则物也，顺也，人也，非金丹也。惟集义所生，则逆也，是所谓金丹也。故云“配义与道”。而孔子曰：“成性存存，道义之门。”释迦云：“是诸法如义。”老子

① 《道书全集》第18页下。

曰："上义为之而有以为。"圣人之于道，不离乎"义"也。"义"之道大矣哉！采铅炼汞者，集义也；西南得朋者，上义也；龙女献珠者，如义也。是义也者，即羲之《易》一阴一阳之道也。夫一阴者，离中之雌，一阳者，坎中之雄；离中之阴为火，坎中之阳为水，"配义与道"者，以坎反上于离，是为水火既济之道也。盖于坎中取出阳爻，降而入于离之中，换出阴爻，是为地天泰也①。

综合来看，在陈致虚这里，"义"即性（内药），"道"即命（外药），故"配义与道"就是取坎填离、合内外药而结丹，就是"一阴一阳之道"。"集义所生"是指采取外药的方式，也就是前文所说的炼己纯熟，则阴阳二炁自然交感，而"非义袭而取之也"。"以直取"则是显露采药的通道，即阳鼎（男性生殖器）。在采药的过程中，真意起着关键作用，即陈氏所理解的"志者，气之帅"。从第二段引文还可看到，陈氏搜集了三教含有"义"字的言论，以此为据，证明"圣人之于道，不离乎'义'也"。

3. 人心惟危，道心惟微，惟精惟一，允执厥中

此句出自《尚书》，被称为儒家十六字心传。陈致虚说：

从古上圣所受之道，行乎天地之间，万物得以生而长且久者，何也？道一也。夫"道一"者，何物也？炁也。尧之授舜曰："惟精惟一，允执厥中。""精"者，万化之所生，道之体也。"一"者，万化之一炁，道之用也。炁非精则不能成人成物，精非炁则不能作佛作仙。精属乎阴，炁属

① 《道书全集》第54页下。

乎阳。故《易》曰："一阴一阳之谓道。"广成子之谓黄帝曰："毋劳汝形，毋摇汝精，乃可以长生。"万物非此精，则何由而氤氲乎？何由而化生乎？孔子曰："男女搆［媾］精，万物化生。"老子曰："其精甚真，其中有信。"信即一也，炁也。故云："道生一，一生二，二生三，三生万物。"子谓曾子曰"吾道一以贯之"者，非但指一事而贯通万事，乃明一炁而贯通乎万物，此谓之道。人物非此一炁，则何由而产育？仙圣非此一炁，则何由以长生？及曾子答门人以忠恕者，信乎道之微妙，恶得泛与言哉！舜承乎尧，及授禹曰："人心惟危，道心惟微。惟精惟一，允执厥中。"世人罕能收其放心，鲜不为六贼所攘而耗败其精炁，岂不危殆！《阴符经》曰："天有五贼。"又曰："五贼在心。""惟危"者，世人既能不执厥中，皆汩没于醉梦之场，抑亦危哉！且道之微妙，淳朴既散，世渐浇薄，人不能古，难将至理微妙以形言之。"允执厥中"者，《传》曰："中者，天下之大本；和者，天下之达道。"又曰："致中和，天地位焉，万物育焉。"老子曰："不如守中。"孟子谓："养吾浩然之气。"皆"允执厥中"之谓也。故夫天地之气从中而行，则春生、夏长、风动、雨润、雷震、霜杀、秋敛、冬藏莫不皆由此道。孔孟之后，圣门不得其传。间或有言，多隐于高山密林，若黄石公焉，若河上公焉，若张、许、钟、吕焉，皆长存而不死。世之器识者不得其门而入，莫可测其端倪，乃指于外教别事。而万世之下，直以此道为无言可说，岂知斯道之高远，且父不得传于子，臣不得献于君。其道有盗天地、夺造化之机，宇宙在乎手、万化生乎身之妙也。五季变更，天不爱道，若麻衣、希夷然，若尧夫、濂溪然，数夫子出，皆明斯道于绝响之域，心黄帝、尧、舜、周、文、孔、孟之心。故邵子曰："天向一中分造化。"周子曰："二五之精，妙合而凝。"又借莲以喻曰："中通外直。"此即孟子"以直养而无害"，即孔子翼《易》曰："夫乾，动也直，其静也专。"即周公《系·坤辞》曰："直方大。"圣圣心心，自合道妙。信乎！圣人之所为，众人固不识也①。

盖陈氏以为"人心惟危，道心惟微"讲的是真心被欲恶所蒙蔽，所以需要"允执厥中"即恢复元神为主的状态，而"惟精惟一"即精与炁，故十六字心传隐含着精、炁、神三宝，简直就是内丹修炼的法诀。而且，自孔孟而下至于宋代理学，都在发明其中的丹道，只是"圣人之所为，众人固不识也"。

4. 存心养性，修身立命

语出《孟子·尽心上》，陈致虚借此论说儒家亦讲先性后命的修炼进程。《参同契注》云：

黄帝曰："天性人也，人心机也。君子得之固躬，小人得之轻命。"孔子曰："穷理尽性以至于命。"孟子曰："存其心，养其性，所以俟天命也。夭寿不贰，修身以俟之，所以立命也。"圣人之道，传至孟子，忒杀分明。《翼》曰："昔者圣人作《易》也，将以顺性命之理，是以立天之道曰阴与阳，立地之道曰柔与刚，立人之道曰仁与义。"上仙云："修性不修命，如何能入圣。修命先修性，方入修行径。"人言释氏修性，道家修命，天下岂有二道哉？是不参

① 《道书全集》第75—76页。

> 孟子存心养性、修身立命之道。盖欲立命，先养其性。若不悟性，焉能知命。故《中庸》“天命之谓性，率性之谓道”。是以圣人无两心也。……“惟精惟一，允执厥中”，此养性也。“男女媾精，万物化生”，此立命也。积精累炁，此养性也。流戊就己，此立命也[①]。

即是说，儒家圣人所论也是要人先炼己修性，然后采药修命。

5. 西江水

语出马祖道一。《悟真篇三注》说：“纯阳翁云：‘曲江上见月华莹净’，此即偃月炉也。佛祖之‘西江’，皆此一窍而矣。”[②] 此处明指“西江”就是偃月炉，即女性生殖器。《金丹大要》又云：“坎中之阳赫赫即乾金也，离中之阴肃肃即坤爻也。金丹者，以坎而升于离之上，以己而合于戊之门，伏坎中之虎以降离中之龙，取坎中之金以克离中之木，纳坎中之水以炼离中之火，采坎中之气以补离中之精，回坎中之阳以实离中之阴，即复纯乾而成真人。《传》云‘西南得朋’，伯阳云‘真人潜深渊’，天台云‘铅见癸生须急采’，马祖云‘一口吸尽西江水’者，皆此还丹之道也。”[③] 因此，“西江水”就是偃月炉中真水，水中有真铅，即坎中阳爻（先天阳炁，外药）。

6. 正法眼藏，涅槃妙心

此语系禅宗常言，谓为灵山会上释迦牟尼拈花传法，以此咐

① 《藏外道书》第9册，第252—253页。
② 《道藏》第2册，第991页中。
③ 《道书全集》第56页下。

嘱摩诃迦叶。陈致虚认为，道（炁）“名曰涅槃妙心，是表德也”①，所以“涅槃妙心”乃是先天一炁的异称。他又为弟子释“正法眼藏”说：

> 缘此法眼不属内外，不在四旁，秉生杀机，为佛法祖，是曰“正法眼藏”。曰：“正法已闻，若何是眼藏？”曰：“汝且道什么一件物无眼？”曰：“此眼藏即虚空藏否？”曰：“佛法一般，名不虚设。夫参学人，莫学客语，莫学异见。须知脚跟有此宝藏，大包天地，光耀古今，形容无尽，妙用无穷，故云‘无尽藏’。物去物来，如如不动；亘古亘今，如如不动；生死岸头，如如不动；得大自在，如如不动；演出大藏，皆如来说，故云‘如来宝藏’。”②

所以，“正法眼藏”即是指如如不动的真性本心。《参同契注》又以性与禅来解释“正法眼藏，涅槃妙心”，云：“何谓性，即乾用九，其动也直，若能了此，即正法眼藏也。何谓禅，即坤用六，其动也辟，若也知之，即涅槃妙心也。禅与性合，以土制铅也；金木相投，以铅伏汞也；仁与义施，以直养炁也。故一阴一阳，《易》之道也；离宫修定，禅之宗也；水府求玄，丹之府也，名虽分三，道惟一尔。睹其三教修养之端绪，皆要同类方能成功，此云‘以类相况’也。”③ 直言之，则正法眼藏为性（乾、我），涅槃妙心为炁（坤、彼）。所以，陈致虚认为禅宗在本质上与儒、道一致，都是借修炼同类阴阳而成就，在这个意义

① 《道书全集》第 13 页下。
② 《道书全集》第 110 页。
③ 《藏外道书》第 9 册，第 258 页上。

上，他还说："岂知古圣先贤方便立名，所炼之丹奚出阴阳之外而别有路耶？此道惟圣人为能勤行，自古迄今，一道而已，三教大圣必须同类方可施功，故云'古今道由一'。"①

7. 龙女献珠（牟尼珠）

陈致虚《宝珠之图》云："宝珠一颗，初产于蚌胎之中，养护于骊龙之颔。世尊得之，号曰'牟尼'。天尊得之，号曰'黍米'。大修行人要知此珠端的，即是坎离既济之一点也，与天地合德，日月合明。曰'牟尼珠'者，龙女所献也；曰'元始悬一珠'者，海蚌取之也；曰'如意珠'者，姹女所配也；曰'火珠'者，骊龙颔下之物也。凡世之珠，虽径寸可玩而有价，此珠虽至微，不可玩、不可见，而无价之宝也。"② 《悟真篇三注》又云："（黍米之珠）释名'大乘般若九品莲台光明藏大如意妙法灵感牟尼宝珠'，昔灵山会上龙女所献者，此也。"③ 结合其丹道思想来看，则此珠为"坎离既济之一点"，即阴阳二炁凝合之金丹。其突出龙女、姹女等，是为了强调同类阴阳之说。

8. 直指人心，见性成佛

此为禅宗之旨，陈致虚借之以论修炼次第。其云："夫见性犹闻道，而成佛犹成道也。闻道须行，故上士闻道，勤而行之。见性须修，故雪山修行，积年而证佛位，奚有不学不修而以见性为成佛乎？"④ 又云："有辈愚人，闻顿悟成佛之旨，便谓道不必

① 《藏外道书》第9册，第244页上。

② 《道书全集》第93页下。赵友钦已持此说，《仙佛同源》云："故老子云'可以为天下母'，即是玄珠。释氏谓之'菩提种子'，灵山会上龙女所献，此物也。"（《道书全集》第475页下）

③ 《道藏》第2册，第987页上。

④ 《道书全集》第90页下。

行，闻而顿悟即可成佛，岂理也哉？乌知一闻千悟，乃信之，及闻而力行，乃得成道。《书》曰：‘知之非艰，行之惟艰。’傅大士曰：‘日则佣作，夜则行道。’老子曰：‘上士闻道，勤而行之。’闻而不行，道安能成？”① 即以见性为炼己工夫，而欲成仙作佛还必须勤修金丹。他又举中土禅宗初祖达磨为例，云：“子不知夫达磨之说乎？昔者达磨西来，不立文字，惟直指人心、见性成佛，因有其道矣。……此即老子观妙之道也。是以达磨下功于长芦，隐于少林修炼，是云金丹之旨，即达磨直指之旨。”② 又云：“大乘之道，即金丹之道也。所以达磨有云：‘见此东土赤县神州有大乘气象，成佛无疑。’是载巨舟，实以众宝，三周寒暑，来求大乘之道。是以达磨始则见性得法而来，终则得丹成佛而西归，是之谓‘直指人心、见性成佛’者也。”③ 这就是说，达磨也是先明心见性，即行老子观妙之道，然后到东土赤县神州而求“炁”修丹，方得成佛了道，故见性与成佛是两步工夫。在这个意义上，陈致虚常说修炼金丹是“佛子已上事”，意即佛徒见性之后尚须修丹，如云：“先要自性究达，方可为佛子已上事，故道光云：‘修性即炼己，修命即还丹。’”④

从以上论述明显可以看出，陈致虚认为三教之道都是金丹大

① 《道书全集》第 77 页下。

② 《道书全集》第 113 页上。

③ 《道书全集》第 116 页下。赵友钦《仙佛同源》云：“若达磨果已成佛而来，何假巨舟实以众宝，又何待三周寒暑方至，又在少林面壁九年。吾闻仙佛，兵无所容其刃，虎无所措其爪，缘何被打落当门齿耶？细详达磨谓二祖云：‘吾本离南印来此东土，见赤县神州有大乘气象，际会未谐，如愚如讷，是来东土神州赤县，成此大乘之道必矣。’谓此可见达磨始则得法东来，终则成道西归，即今真洲长芦，见有达磨修道家具尚在。但世人莫识何者为神州赤县之大乘，其长芦修真之遗像哉！”（《道书全集》第 468—469 页）

④ 《道藏》第 2 册，第 1016 页中。

道，故云："三教大圣殊途同归，初无差别，如孟子集义所生之道即孔子一贯之道也，释迦拈花以传涅槃妙心之旨即达磨直指人心、见性成佛之旨也，老子有无玄牝妙物母之道即玄关一窍、大道金丹也。"① 因此，他论述丹道的每个方面几乎都会牵合儒、佛的言论。兹略述如下。

关于修丹的外部条件　《金丹大要》云："在《易》之初爻曰：'潜龙勿用。'夫子翼之曰：'潜龙勿用，阳气潜藏。'……若阳炁潜藏，必难求之也，直要有力者，然后能求之。达磨初来，曰：'见此赤县神州有大乘气象，成道必矣。'此达磨之来，全仗有力者为求是炁以成其道，岂料谒梁未谐，至魏方得成佛。因知是炁，无其力者必不得之。"② 这是说要求取外药，必须寻求有力的外护。又举佛经以论法财，云："《宝积经》：'菩萨摩诃萨，行陀耶波罗蜜多时，以生死财而求甘露不死仙财。'故知世财可求天上之宝。"③

关于药物　陈致虚说："炁之在外者曰黑铅，即金丹之道也，佛云摩尼，儒语仁义，道曰金丹，三教大圣必用是炁，而后方能成佛作仙，即此是道，非别有一路也。炁之在内者曰黑汞，即修定之道也，道名踵音，儒谓中和，释云世音，即自然之道，三教大圣必用此道，故名虽殊而道则同也。是以天下无二道，圣人无两心。"④ 又云："黄帝老子，从古圣仙皆用此金方能了道。文王重巽，'九五，先庚三日，后庚三日'。仲尼翼巽兑，柔皆

① 《道书全集》第15页上。
② 《道书全集》第18页。
③ 《道书全集》第25页下。
④ 《道书全集》第11页下。

顺乎刚，君子以申命行事。夫庚，金也，经云‘三日月出庚’是也。且释迦假此金以成佛，故号‘金仙’。”① 即是说，虽然三教对内外药物的称谓不一，但三教大圣实际上都借之而修行。陈致虚又分别列举孔子与佛陀的言论，云：“盖雄雌相须凭精炁，精炁舒布要雌雄。《翼》曰：‘精炁为物，游魂为变。’为物者，顺行而生，生人生物也。为变者，逆用而成，成佛成仙也。”②“佛祖云：‘乾坤之内，宇宙之间，中有一室［宝］，秘在形山。’此即是太一含真气之妙。”③ 其《形物相感说》论云：“老子曰：‘内观其心，心无其心；外观其形，形无其形；远观其物，物无其物；三者既悟，惟见于空。’释氏云：‘乾坤之内，宇宙之间，中有一宝，秘在形山。’又曰：‘吾有一物，上拄天，下拄地，诸人还识么？’《易》曰：‘形而上者谓之道。’又曰：‘男女媾精，万物化生。’三教修行，不离形物，故丹阳翁云：‘速把我人山放倒，急将龙虎穴冲开。’伯阳云：‘耳目口三宝，闭塞勿发通，真人潜深渊，浮游守规中。’领悟到此，方知龙虎之形，龟蛇之物，皆从人身中而有，非此二物不能交结圣胎，至妙毋忽。”④ 意即三教所论，皆指“人身中”龙（汞、形）虎（铅、物）二物，非此则圣胎不结。

关于鼎器　前面已经提到了陈致虚对“直”和“西江”的解释。他又以“剑”而喻阳鼎，云：“愚者以此剑杀其身，圣人以此剑飞其神。旌阳使五仙童女戏剑，诛斩妖蛟；洞宾以三清宝

① 《藏外道书》第 9 册，第 235 页下。
② 《藏外道书》第 246 页下。
③ 《道藏》第 2 册，第 989 页中。
④ 《道书全集》第 94 页下。

剑，精灵灭迹。在佛亦云‘金刚宝剑’，实成仙佛之器耳。”① 又论阳鼎阴炉，云：“只如此窍，圣人无可奈何，形容直到了处。伏羲画卦，首以乾坤两象以定此窍，文王不隐，重而明之，孔子《翼》出乾直坤辟之义。老子乃云：‘玄牝之门，是谓天地根。’释迦喻‘正法眼藏，涅槃妙心’。此皆直指而可见矣。”② 此窍即是“两孔穴”，本章第三节讨论鼎器时已详之。

关于炼己　除了前文所言以儒家“存心养性”、禅宗“见性”为炼己外，陈致虚更认为儒家直露炼己之工夫。其云：“养己者，终身炼己也。孔子曰：‘君子安其身而后动，易其心而后语，定其交而后求。君子修此三者，故全也。’圣人患虑之深，备炼人之情实，一动，一语，一求，三者乃入圣之至理，真养己之要言。……是以《大学》之道在明明德，在知人，在止于至善。既明德又知人，止于至善，正合炼己。况知止而后能定，定而后能静，静而后能安，安而后能虑，虑而后能得，此正合安静虚无之要。虚无者，非空虚全无之谓，仙师曰‘先天一炁自虚无中来’，是安静虚无之至也。”③

关于采取　陈致虚言：“文王重伏羲之《易》，曰‘西南得朋’，此又露补炁之方。孔子又曰‘同声相应，同炁相求’，此又指补炁之类。……圣圣相传，其揆一也，故金液九还大丹无非补其一气耳。”④ 又说：“文王故曰：‘朋来无咎，返覆其道，七日来复，利有攸往。’‘朋来’者，有朋自远方来也；‘无咎’

① 《道藏》第2册，第1006页下。
② 《藏外道书》第9册，第232页上。
③ 《藏外道书》第230页上。
④ 《藏外道书》第9册，第266页下。

者，有益而无损也；‘返覆其道’者，用《易》之道也，颠倒而行也；‘七日来复’者，月隐其光，七日再吐，亦犹人也，经动七日而阳初生；‘利有攸往’者，善进而无失。”① 经过陈致虚的阐释，则儒家圣人不仅言明了采取之对象，而且指示了采取之火候。他又认为佛陀“如露亦如电”一语也是发露采药之机，其云：“夫有为之法者，须知甘露之门、掣电之机，故世尊云：‘如梦幻泡影，如露亦如电。’谓之有为法也。”② “其炼先天之炁又为迅速，故佛云‘如露亦如电’者，谓其至精至微而功甚速，为不可久也，久则有损而有亏。”③ 此与本章第三节所论采取只在“一符之顷”意同。《悟真篇三注》释“认得唤来归舍养”引圆悟克勤云：“圆悟云：‘脚跟不［下］廓尔，无禅之禅谓之真禅，似兔怀胎；顶门上五耀，无道之道谓之真道，蚌含明月。’此岂不是认得唤来归舍之妙乎？”④ 即是说，采取外药归鼎须行“无禅之禅”“无道之道”，也就是“不采之采”。

关于得丹以后行温养之功 陈致虚说：“未炼还丹急须炼之，若已炼丹急须去之。佛云：‘道成之后，丹房器皿委之而去。’若不去之，则心境见前，恐有殆辱之患。紫清白真人‘半夜忽风雷’，此其证也。是以达磨去长芦而入少林冷坐者，无一朝之患也。”⑤ 就是说，既得黍珠入鼎，则须离群索居，独行温养工夫。其又引赵友钦言，谓禅宗坐禅入定当在此时而行，云：“我师赵真人曰：坐禅入定一件，在得牟尼之珠，圣胎已成之

① 《藏外道书》第250页下。
② 《道书全集》第115页上。
③ 《道藏》第2册，第979页中。
④ 《道藏》第2册，第998页上。
⑤ 《道藏》第2册，第1009页上。

后。谓之抱一守和，知白守黑也。谓之面壁端坐，修禅入定也。谓之炼形化炁也，炼炁归神也。”① 又云：“马祖未修大药而枯坐求佛，是有磨砖之讥。达磨已向长芦而入室下功，是向少林冷坐。修之与行，各有时耳。故我师云：‘静坐一件是得丹之后事也。’”②

很明显，陈致虚认为三教圣人都是或论或行金丹之道，除了上面的论述所涉及的例子外，他还指出孔子《十翼》就是发明丹道。其云：“夫《易》非《十翼》，则《易》之道何以明，言辞何以通，变动何以识，制器何以象？为道而不通言辞，则不得情性之感。为道而不知变动，则不得金水之化。为道而不工制器，则不得鼎炉之用。为道而不达吉凶，则不得逆顺之理。《翼》曰‘《易》有圣人之道四焉’者，此也。”③ 其中情性、金水、鼎炉、逆顺四者，皆为丹道要义。陈氏还直言佛陀所行实即金丹大道，“释迦文佛师瞿昙，乃得金丹之道，修之而证佛也。以其修金丹而成仙，故曰‘金仙’。盖金丹者，二八两弦之炁也。二八合成一十六两，故曰‘丈六金身’，世岂有天生自然之释迦者乎？”④ 又解“雪山一味好醍醐”一诗云：“雪山乃至阴之地，阴中有阳，故云‘好醍醐’，灌顶者，此也。‘倾入’者，他反居上也。我属东，故云‘东阳’，我之玄门曰‘造化炉’。……昔佛在雪山修行者，即此是也。”⑤ 佛陀不仅自己修炼金丹，

① 《道书全集》第116页。赵友钦之论，见《仙佛同源》卷四《即非坐禅》，《道书全集》第471页。
② 《道藏》第2册，第980页下。
③ 《藏外道书》第9册，第240页上。
④ 《道书全集》第112页上。
⑤ 《道藏》第2册，第1005页中。

还以丹道教人，陈致虚释“释氏教人修极乐”云：“‘极乐’者，无去无来，不生不灭，直须搅长河为酥酪，倾醍醐以灌顶，即释氏之金丹也。”① 中土禅宗初祖达磨，前文已举其例，陈致虚更直言“达磨之道即金丹之道”②。对于六祖慧能，陈致虚说：“子不闻卢慧能者乎？能是新州樵夫，年已半百，闻客诵经，顿见佛性。致母出乡，远叩黄梅。五祖才见，数语投机，使役舂碓。经八个月，因闻秀偈，始露锥锋，大满授之衣钵佛法。能得指归，又无法财，乃得神会之赀，又得刘志略为之外护，遂隐于四会县猎人之中而下功焉。性命双修，以土制铅，以铅制汞，二归金鼎，却入深山兀坐修养。道成之后，潜抵番禺，吐风幡之语以显神通，为大宗师，是与达磨出处同风。”③

综合上述，经过陈致虚的阐发，则儒、释、道三教从根本上讲都是金丹大道，三教圣人都论述或修行金丹大道，而且三教对于丹道的论述几乎贯穿了丹道修炼的整个过程，这就是陈氏所理解的“天下无二道，圣人无两心”。他说：“三教一家，实无二道，其分彼我者，乃是一个盲人鞭骑瞎马而与人较胜负，岂不为明眼底人所笑。”④

二　同源异流，愈差愈远

以上主要从三教圣人所论所行阐发了“三教一家”之旨，

① 《道藏》第 2 册，第 1017 页下。
② 《道书全集》第 90 页。
③ 《道书全集》第 116 页上。
④ 《道书全集》第 9 页下。

但是在现实中，三教却是分门各户，甚而至于相互诟病，这是为什么呢？

陈致虚首先认为三教圣人皆不敢显言金丹之道。其云：

（金液还丹）其道甚大，圣人秘之而不显题。故如来以为真实不二法门者，即正法眼藏，涅槃妙心。孔子以为一贯之道，即致知格物，正心修身。老子以为得一万事毕者，即玄牝之门，是为天地根。此所以为天下无二道也。如来不敢显言，乃拈花传法，而迦叶微笑受之。孔子不敢显言，及门人弟子，而曾参只得一惟。老子不敢显言，及五千玄文，而关令尹以致命造玄①。

圣人既不敢显言，而后人又多根器浅薄，故三教本旨不得流传于世。其云：

老子西游，谓关令尹公文曰："道生之，德蓄之，物形之，势成之。是以万物莫不尊道而贵德。"公文即悟，致命造玄。释迦拈花，谓迦叶曰："吾有正法眼藏，涅槃妙心，今付子。"迦叶微笑受之。孔子谓曾子曰："参乎，吾道一以贯之。"曾子曰："唯。"若以三圣之言为各情，则天下无二道；若以三圣之意为各事，则圣人无两心。及后公文答尹太和云："曰天、曰命、曰神、曰玄，合曰道。"迦叶答阿难云："到却门前刹竿着。"曾子答门人云："夫子之道，忠恕而已矣。"岂太和不可语道德，而答天命？岂阿难不可云拈花，而答以刹竿？岂门人不可闻一贯，而答以忠恕？抑亦

① 《道书全集》第68页下。

人有贤愚，而根有浅深耶？既而尚老氏者曰修命，在释氏者曰修性，学孔氏者曰中庸，又安知性命之道，即一贯之道哉！盖世人不体圣人之心一，而天下之道同。则互相非是，各尚所闻，专门分宗，诵尧之言而行桀之行者盈天下，此非圣人之过，其继之者未善也①。

又云：

文王孔子相传曰《周易》，明此道也。黄帝老子相传曰金丹，明此道也。释迦达磨相传曰大乘，明此道也。圣人慈悲，方便接引，皆欲世人俱明此道，实众生之阶筏，为万世之梯航。岂谓后人各执异见，不立苦志参访真师，不明阴阳同类相胥，各尚所闻，愈差愈远。彼见《周易》，则指为卜筮纳甲之书，又恶知同类得朋之道乎？彼见鼎器之说，则猜为金石炉火之事；彼闻采取之说，则猜为三峰采战之术；彼闻有为，则疑是傍门邪径；彼闻无为，则疑是打坐顽空；彼闻大乘，则执为禅宗空性，惟资谈论，更不察圣人之道，是用阴阳修之以出阴阳，用世间法修之以出世间②。

据此，则三教后人非但根器浅薄，而且不肯访求真师，所以各自执着于己见，盲修瞎炼，三教之途必然愈分愈远。因此，陈致虚尖锐地批判了三教中人的所作所为。对于儒家，他说："宋儒未达，不肯明《周易》之道，总看为卜筮之书，暗藏却羲、文、周、孔神圣之心，黯却乾坤顺逆造化之道，枉屈伯阳踵制玄

① 《道书全集》第72页。
② 《藏外道书》第9册，第223页上。

言之谛。”[①] 对于道教，他说：“今焉，处琳宫、披鹤氅，直以问道为羞为辱者，何不反思吾教之所学，何也！间有一二希乎修养之说者，则丛聚而笑之。我太上曰：‘下士闻道，大笑之。’岂古然哉！夫既入其门而不行其道，则为老氏之蠹也。蠹者，衣其服而妒其教，蠹其食而訾其道，是犹服尧之服而非尧之言，吾不知其可也！”[②] 对于佛教，他说：“今世衲僧，以顺寂入涅槃为终世过化之奖辞，是为明眼人所嗤，宁不遑愧？彼安得知涅槃之际，是衲僧脚跟下求向上之事也。”[③] 对于禅宗，他说：“如今多少住禅刹者，不知禅是何物，领率二三百人或至千百余众，惟只顽坐，禅杖夜巡，渴睡者辱之。日则限以规程，何暇见性？夜则劳神废寝，安知真佛？此谓一盲引众盲也。”[④] 又说：“比来说禅者明立高座，聚众问答，口头活弄，性地迷蒙，横以辩论敏捷为能，所以多记公案为明了。人示以一指，随以二指应；或而向下，他即拟上；或云眼前，即拟背后；或转脚跟，他便走了。似此捏伪，哪知真实！此为设辞应敌，岂能见性明心？”[⑤] 其《判惑歌》不仅破斥了旁门左道，如房中采战、服食吐纳等，还对现世不究三教本旨的禅僧、理学家、正一道士及全真道士集中进行了批判：

行脚辈，号禅和，大机大用口头过，只争胜负闲言语，不向台山勘老婆。禅僧家，去须发，佛将此相令人察，或行

① 《藏外道书》第9册，第245页上。
② 《道书全集》第57页上。
③ 《道书全集》第114页下。
④ 《道书全集》第114页上。
⑤ 《道书全集》第113页下。

> 或队不低头，见性明心无几衲。明眼人，见性者，升堂故将佛祖骂，棒喝指头机最深，如今把作寻常话。聪明的，谈性理，横言强辩惟他是，性与天道有谁明，颜子坐忘曾子唯。读《大学》，讲《中庸》，不偏不倚朱文公，正心诚意求章句，诚意元非章句中。顶七星，明正一，玄牝之门哪个识，五千余言《道德经》，上得一兮万事毕。居山林，称道士，不知大道是何事，金丹名也不曾闻，况要教他明生死。云水客，号全真，却为朝昏且救身，祖师留下刀圭说，知者如今有几人①。

可见，陈致虚实际上是将金丹大道作为三教一贯的唯一正宗，所以认为三教门人皆是执末忘本，徒有其表而不究其实。

通过用丹道思想阐发三教言论，以及批判三教门人的现状，陈致虚提出要区分心授之道与立谈之道。他说：

> 道有立谈，有心授。君臣也，父子也，兄弟也，夫妇也，朋友也，是纲常之道也，此可立谈而非心授也。所言心授者，天命之谓性，率性之谓道，此可以心授而不可以立谈也。率性之道，即孔子一贯者也，即孟子集义所生者也。夫纲常之道，虽童稚亦可训之，彼有国有邦者，置所司以掌其纲常之道，万世不易者也。至如率性集义之道，前贤注疏略不及焉。若贤人君子遇圣师口授而不惊疑，以集义率性之道而修之，是则谓之大圣人也，方其纲常之道在其中矣。炼丹者，砂硫也，水银也，是修炼之道也，此可以立谈而非心授也；所言心授者，无为而无不为也，为之而有以为也，此可

① 《道书全集》第41页下。

以心授而不可以立谈也。无为有为之道，即金丹之大道也。夫丹炉修炼凡砂水银之道，虽愚夫愚妇亦可炼之，故可立谈；至如先天真铅有为之道，虽上士至人遇师口授亦不免疑焉，若上士至人得师指示金丹有为之道，勤而修之，是之谓神仙也。夫顽坐也，守性也，持斋也，是坐禅之道也，此可以立谈而非心授也；惟正法眼藏、涅槃妙心、直指人心、见性成佛之道，此可以心授而不可以立谈也。正法眼藏、直指人心，即最上一乘之道也。夫持斋坐禅，虽庸人孺子亦可立谈；至如一乘之道，虽利根上智于佛祖言不得证，犹不免疑焉。是以灵山会上五千退席，五祖佛法不付神秀而与老卢，是谓可以心授而不可以立谈也。……道不可以立谈，可以立谈者非大道也①。

这种心授与立谈的分判，实际上就是以金丹大道为三教之实质与根本，而认为现实中的三教只不过是外在形式与枝末。

综合本节而言，陈致虚对三教言论的阐发，都是先站定了丹道的立场，以此提拈儒经释典中相类的词、句进行发挥。他为了自己论证的需要，往往割截原典，完全不顾上下文义，而强行将儒、释言句视为丹道隐语。他还为自己这种行为论证道："古之圣人也，或正言，或方言，或卮言，或寓言也。是金丹也，皆存于言表也，而言之中乃含之而已矣，奚可显而言之者也。"② 看样子，他还认为自己是在发明三教圣人的"微言大义"。而实际上，陈氏的阐发应该算是"过度诠释"。即使说陈氏以上的阐发

① 《道书全集》第37页。
② 《道书全集》第85页下。

在某种程度上还可以理解，因为儒、释、道经过上千年的碰撞与融合，所论述的问题渐渐趋同，都有关于心性、道（理）、道德、修养等方面的言论，故有可能被牵合，但是，陈致虚为了论证的方便而修改文本的极端做法是完全违背阐释原则的。比如，他对于慧能故事的修改，将神会和刘志略说成是慧能修炼金丹的资助者和外护[①]。又称“给孤独园”为：“还丹之法，盖家园自有金花种子，自可栽培……方外道人，员顶禅衲，要知家园之妙在朝市间，维摩、傅大士辈皆得此园而下种，故如来号之曰‘给孤独园’也。”[②] 又为了论“西南得朋”之意，将陶渊明的名句写作：“采菊东篱下，悠然西南山。”[③] 我们只能说，这种“以我为主”的阐释方式既是陈氏“三教一家”论的特点，同时也是其缺点。所以，陈致虚的“三教一家”论尽管较多地汇集了三教言论作为其论述金丹大道的素材，但却有失于圆融，至于把三教本旨都说成是金丹大道，则已近乎偏执。

陈致虚通过对“三教一家”的论述，为双修丹道在三教中谋得一个位置，即将之置于三教之“巅”以统合三教，未免抬之过高。正如《四库全书总目提要》所言：“其牵合老庄佛氏之书，皆指为金丹之说，则未免附会。学术各有源流，非惟佛道异途，即道家不能概以一轨也。”[④] 对于陈氏的做法，即便是同传阴阳双修法门的陆西星也不敢苟同。其云：“至于上阳仙公，每

---

① 此条朱越利先生已揭，参见氏著：《惠能与禅丹——以〈上阳子金丹大要〉为据》，《西南民族大学学报》（人文社会科学版）2005 年第 12 期。

② 《道藏》第 2 册，第 1004 页下。此论从赵友钦处得来，《仙佛同源》云：“又详经云‘舍卫国祇树给孤独园’，又有给孤独长者，是见学道者之孤独，给以眷属则不孤矣，故名‘给孤独’。”（《道书全集》第 468 页下）

③ 《道书全集》第 64 页下。

④ 《四库全书总目提要》，第 3078 页。

言释氏雪山修行，达磨少林面壁，六祖隐于四会猎人之中，谓皆密修金丹乃能成佛，而以金丹为最上一乘。考之《仙佛同源》，不为无本。至于法华秘藏微露此机，释门之中未尝显演，不敢取以为证，姑录于此，俟有正法眼者，当为辨之。”① 所以，陆西星将阴阳双修丹法纳入丹道之一支——人元大丹，应该说是赋予它一个比较适合的地位。

① 陆西星：《悟真篇诗小序》，《藏外道书》第5册，第332页下。

第三章　陈致虚对南北合宗的贡献

如前文所述，自元世祖统一江南后，全真道与南宗相互隔绝的局面被打破，全真道大举南传，南宗亦向北渗透。到了元代末期，全真道与南宗逐步合为一体，在全真道的旗号下称为全真南北宗。在这一过程中，陈致虚成为融合二宗的一个关键人物。

第一节　南北合宗的思想基础

南北二宗能够合并不是某个人或某一批人的主观行为，而是有其深层的思想理论方面的依据。首先，南北二宗都大力宣扬“道”是宇宙万物的根源和本体。我们聊举南北二宗始祖之言来说明。张伯端《悟真篇》云：“道自虚无生一气，便从一气产阴阳。阴阳再合成三体，三体重生万物昌。”① 王重阳也说：“一

① 《道藏》第2册，第993页上。

者，是万物之根本。一者，为道也。”① 在分析陈致虚丹道思想的理论基础时，我们已经论述过“道”的超时空性质对于内丹家的重要意义。南北二宗于此自然也有共识。白玉蟾说：“道本无传，道无声色，道无相貌，道无古今，道无往来。”② 北宗谭处端则云：“大道无名无说，休恁谩生分别。”③

其次，隋唐以来，随着“肉体成仙”说的逐渐衰落，“灵魂成仙”说的逐渐兴起，加上佛教诸法虚妄、人生是苦思想的影响，道教中出现了一股破斥肉体、贬低社会生活的思潮。南北二宗皆依此立论，要求信徒修炼内丹以求蜕去凡俗的躯壳，跳出世间樊笼而得解脱。《悟真篇》开篇即言：“嗟夫！人身难得，光景易迁，罔测修短，安逃业报？”紧接着的两首诗又云：“百岁光阴石火烁，一生身世水泡浮。只贪利禄求荣显，不顾形容暗悴枯。试问堆金等山岳，无常买得不来无？”“人生虽有百年期，寿夭穷通莫预知。昨日街头方走马，今朝棺内已眠尸。妻财抛下非君有，罪业将行难自欺！”④ 北宗王重阳也作劝世词言：“叹人身，如草露，却被晨晖晞，转还归土。百载光阴难得住，只恋尘寰，甘受辛中苦！”⑤

第三，南北二宗皆以明心见性为得道成仙的关键。他们认为明心见性之要在于“无心”，即不执着于一切，也就是元神做主的境界。张伯端认为，只需“饥来吃饭渴来饮水，困则睡眠觉则行履，热则单衣寒则盖被，无思无虑何忧何喜”，达到“自在

① 《重阳真人金关玉锁诀》，《道藏》第25册，第799页下。
② 《传道集·钩锁连环经》，《道藏》第33册，第152页上。
③ 《水云集》卷中，《道藏》第25册，第856页上。
④ 以上三处分见《道藏》第2册，第973页上、974页下、975页上。
⑤ 《重阳全真集》卷四，《道藏》第25册，第717页上。

逍遥，物莫能累”的境界，即是明心见性了①。北宗诸子则主张：“饥时不论粗细，困时睡，闲时唱，快时吟。要坐则坐，要卧则卧，要住则住，要行则行，放四大无拘自在”②，“只要尘冗事屏除，只要心中清净两个字”③。这种“无心”说明显受到佛教禅宗思想的影响。虽然强调明心见性的重要性，但二宗俱认为丹道应该“性命双修”。只是，在修行次第的认识上，二宗存在着分歧，这也是南北宗区分的关键。大致说来，南宗主张先命后性。张伯端说：“先性固难，先命则有下手处。譬之万里虽远，有路耳。”④ 又说：“人能察心观性，则圆明之体自现，无为之用自成，不假施功，顿超彼岸。”⑤ 可见并不废性功修炼。王重阳则说：“诸贤先求明心，心本是道，道即是心，心外无道，道外无心也。”⑥ 又说：“根者是性，命者是蒂”，“宾者是命，主者是性”⑦。可见，虽然对修行阶次的理解不同，二宗皆主张“性命双修”则是肯定的。

第四，南北二宗在传教过程中皆注重德行修养，都强调必须在现实社会中行善积德，以此作为得道成仙的条件之一。张伯端说：“德行修逾八百，阴功积满三千。均齐物我与亲冤，始合神仙本愿。”⑧ 又云：“若非积行修阴德，动有群魔作障缘。”⑨ 北

① 《紫阳真人悟真篇拾遗·无心颂》，《道藏》第 2 册，第 1032 页下。
② 《黄帝阴符经注·富国安民演法章》，《道藏》第 2 册，第 820 页下。
③ 《重阳全真集》卷十，《道藏》第 25 册，第 747 页下。
④ 《青华秘文》卷中，《道藏》第 4 册，第 371 页上。
⑤ 《悟真篇后序》，《道藏》第 2 册，第 1018 页中。
⑥ 《重阳真人授丹阳二十四诀》，《道藏》第 25 册，第 808 页中。
⑦ 《道藏》第 25 册，第 807 页中。
⑧ 《道藏》第 2 册，第 1015 页下。
⑨ 《道藏》第 2 册，第 1007—1008 页。

宗谭处端说："为官清政同修道，忠孝仁慈胜出家。行尽这般功德路，定将归去步云霞。"[①] 应该说，南北二宗积功累行的思想，为维护当时的社会秩序作出了贡献。

综上所述，南北二宗在思想上着实有着明显的同一性。这大概因为他们都继承了道教传统，同时广泛地吸收了当时的社会思潮。所以，二宗虽然事实上是各自独立发展起来的，但在南北混融的情况下，人们产生出二宗同源异流的想法也是十分自然的。

而且，南北合宗也是二宗发展的共同需要。一方面，全真道在南传过程中，面对着在江南发展了数百年的正一派，需要借助已经在南方具有一定根基的南宗。另一方面，南宗在南方的活动，以游方道士为多，组织比较松散。而且，南宗道士多没有什么政治地位。这些因素对南宗的发展造成了很大的束缚。反观全真道，蒙元前期作为华夏文化的代表率先与蒙古统治者挂上钩，取得显赫的地位，贵极一时。元朝一统后，虽曾遭焚经之祸，低落了一段时间，但不久即重整旗鼓，迎来所谓的"后弘期"。因此，二宗的合并可谓水到渠成，各取所需。正如前文所指出，在全真道南传过程中，众多南宗道士纷纷投入全真道门下，或亲身投师参学全真，或以全真道相标榜。比如白玉蟾再传弟子李道纯，浙江的徐弘道、丁野鹤师徒，赣、闽一带的金志扬，再有就是赵友钦、陈致虚师徒，皆为南宗转入全真道的代表人物。这种南宗融入全真道的趋势，表明了政治因素在宗教发展中的重要作用，也反映了从组织上将南宗融入全真道，是南宗道士的普遍认识。

① 《水云集》卷上，《道藏》第25册，第849页下。

第二节　南北合宗的谱系矛盾

南宗合并于全真道的过程，反映在南北二宗道士如何追寻己派的渊源和如何调整二宗祖师地位的轨迹中。全真道最初只祖述自己的创派人，很少言及自己的远源。金源琦撰《终南山神仙重阳真人全真教祖碑》[①] 将马、谭、刘、丘誉为“四哲”，将王、郝、孙称为“三大士”[②]，赞云：“四子为谁？丘刘谭马。德其亚者，王郝与孙。共成七贤，赞我真人。”[③] 并未言及王重阳的上源。稍后刘祖谦作《终南山重阳祖师仙迹记》，同样没有上溯远源，亦仅及于七真，云：“马曰丹阳，谭曰长真，刘曰长生，丘曰长春，王曰玉阳，郝曰广宁，孙曰清静散人，并结为方外眷属。”[④] 可见至金末、蒙元初，全真道仅有“七真”之说，而无“五祖”之称。直到丘处机的再传弟子秦志安作《金莲正宗记》，始倡五祖七真之说。其将王重阳接王玄甫、钟离权、吕洞宾、刘海蟾之后，称为“五祖”，而将王门七大弟子称为“七真”。考《金莲正宗记序》末云：“是教也，源于东华，流于重阳，派于

① 此碑当撰于 1225 年左右。因为，碑文说王重阳于金世宗大定“十年庚寅（1170）正月四日……颂毕俨然而终”，“后真人五十六年，嗣法孙汴京嘉祥观提点真常子李志源”等人请记于金源琦。（见《道藏》第 19 册，第 725 页上中）而且，刘祖谦《终南山重阳祖师仙迹记》亦云金源琦碑作于“正大（1224—1231）初”（《道藏》第 19 册，第 726 页下）。

② 《甘水仙源录》卷一，《道藏》第 19 册，第 724—725 页。

③ 《道藏》第 19 册，第 725 页下。此处虽未直称“七真”，但已具其实，或因其时尚未封赐真人号。

④ 《甘水仙源录》卷一，《道藏》第 19 册，第 726 页中。刘祖谦此碑，作于“天兴元年（1232）九月重阳日”（《道藏》第 19 册，第 727 页上）。

长春，而今而后，滔滔溢溢，未可得而知其极也。故作《金莲正宗记》，时太岁辛丑，平水（今山西临汾）长春壶天述。”①视其语气，似为秦志安自序。根据《甘水仙源录》卷七《通真子秦公道行碑铭》，则秦氏于《玄都宝藏》编成当年（1244）去世②。所以，序中所记“辛丑”当为1241年。这种说法成为后来全真掌教张志敬向朝廷请求封赠的基础。元世祖至元六年（1269），经张志敬请求，下诏封教主东华紫府少阳帝君，封钟离权正阳开悟传道真君，封吕洞宾纯阳演正警化真君，封刘海蟾明悟弘道真君，封王重阳全真开化真君③。

南宗道士也一直在追寻己派渊源。白玉蟾《快活歌》云，南宗自张伯端以后，“四传复至白玉蟾”④。至于“四传”具体何指，白氏《题张紫阳、薛紫贤真人像》有云：“昔李亚以金汞刀圭火符之诀传之钟离权，权以是传吕岩叟，岩叟以是传之刘海蟾，刘传之张伯端，张于难中感杏林石泰之德，因以传之。泰，邠州人也，事成游毗陵，授之于蜀僧道光。光之门有行者道楠，号为陈泥丸，即先师也。”⑤ 白氏弟子承袭了这种说法。黄庸《跋鹤林问道集》云：

予少时闻内丹可学，遍游海岳，参访师友，莫有知音。

① 《道藏》第3册，第344页上。

② 《道藏》第19册，第784页上。

③ 参见《甘水仙源录》卷一，《道藏》第19册，第722页下。

④ 《修真十书》卷三十九《上清集》，《道藏》第4册，第783页上。另，《海琼传道集》亦录此歌，见《道藏》第33册，第152—153页。

⑤ 《琼琯白真人集》卷四，《藏外道书》第5册，第105页上。另外，《修真十书》卷六载白玉蟾《谢张紫阳书》，云：“先师泥丸先生翠虚真人，出于祖师毗陵和尚薛君之门。而毗陵一线，实自祖师杏林先生石君所传也。石君承袭紫阳祖师之道。”（《道藏》第4册，第625页下）学者一般认为此文并非出于白玉蟾之手，但是否袭自白玉蟾的说法，还可以商榷，姑录于此。

尝读赵彦纲《艺林集》，乃知太乙刀圭火符之正传，始自钟、吕默相付授，吕传之刘海蟾，刘传之张平叔，先鸾后鹤不曰无人，朝海暮梧实难际遇。今观《鹤林集》，由平叔而下，石泰、薛道光、陈泥丸、白玉蟾灯灯相续。吾乡彭季益（即彭耜——笔者注）性理融明，投机一言，收功半晌，集其问答，刊而成编，以淑诸人，用志广且大矣。嘉定丁丑（1217）腊日，冲尚老人黄庸子至书跋于后①。

由此可见，彭耜《鹤林问道集》所记张伯端以下传系是非常清楚的。此后，留元长作《海琼问道集序》，云："白君得之于陈泥丸，陈得于薛道光，薛得于石泰，石得于张平叔，张得于刘海蟾，刘得于吕洞宾。"② 陈守默、詹继瑞所作《海琼传道集

① 《琼琯白真人集》卷六，《藏外道书》第5册，第171页。这篇文献很有价值，除了说明彭耜《鹤林问道集》列出了张伯端至白玉蟾的传系而外，还清楚地列出了钟、吕到张伯端的传承。赵彦纲其人其书俱不见于史乘，根据赵宋宗室世系，则其应属魏王赵廷美一支。按贾志扬先生的统计，"彦"字辈的生活时期最早为1119年［赵彦堪（1119—1161）］，最晚到1230年代［赵彦呐（1238年卒）、赵彦侯（活跃期，1190—1230）］，赵彦纲应该也生活在这个时期。（参见贾志扬著，赵冬梅译：《天潢贵胄——宋代宗室史》，江苏人民出版社，2005年，第286—293页）黄庸其人，陈与行于"嘉定丁丑（1217）六月初伏日"所作《跋陈泥丸真人翠虚篇》云："余舅新广东宪盘庄老人黄公庸，自其少时，足迹半天下，喜与方士高人游，得服饵长生之诀。今逾七望八，状貌强健如壮年。"（《琼琯白真人集》卷六，《藏外道书》第5册，第172页上）则其时已70余岁。因为《艺林集》已佚，所以对黄庸的跋文不能准确句读。综合赵、黄二人的大致情况来看，如果钟、吕至张伯端的传承完整见于《艺林集》，则为黄庸早年所见，其出现时代可能较早；但是，即使这个传承有黄庸添加的成分，那么至晚也出现于黄庸作此跋的1217年，略早于留元长、陈守默、詹继瑞之说。

② 《道藏》第33册，第140页中。留氏在序中自述："幼时业爱修仙，鞭心于兹，不觉壬子（1192）又丁丑（1217）矣。人间岁月如许……是年春，遭逢真师海琼君，姓白讳玉蟾。"其云人间岁月"壬子又丁丑"，或即生于1192年，于1217年遇师白玉蟾。得授之后，"谨集间酬警悟之一二以锓诸木"，即此《海琼问道集》也。所以，《海琼问道集》或于1217年稍后刊刻。（以上引文，见《道藏》第33册，第140页上、中）

序》亦云："昔者钟离云房以此传之吕洞宾，吕传之刘海蟾，刘传之张平叔，张传之石泰，石传之道光和尚，道光传之陈泥丸，陈传之白玉蟾，则吾师也。"①

由上可知，全真道与南宗在彼此隔绝的条件下，都在追寻自己的渊源。大约到南宋中晚期和蒙元初期，双方不约而同地都以钟、吕为自己的始祖。但在此时，双方都是各自述祖，并未言及对方。直到白玉蟾的再传弟子萧廷芝时，始将两派的传系联系起来。邓锜《道德真经三解》卷首"大道正统"引录萧廷芝之言，谓："一自三阳唱道以来，至于海蟾真人，传之张紫阳、王重阳。紫阳传之翠玄（石泰），翠玄传之紫贤（薛式），紫贤传之翠虚（陈楠），翠虚传之海琼先生（白玉蟾），凡九传。又王重阳真人之所传，凡七真。"文末云："廷芝忝出鹤林先生（彭耜）门下……庚申（1260）冬至日弟子萧廷芝书。"② 这种说法一直为南宗后学所持守。至元代，李道纯的弟子苗善时为《纯阳帝君神化妙通纪》所作象章云："真人（指吕洞宾——笔者注）授

① 《道藏》第33册，第147页下。此序未署年月，但据后文记述编集《传道集》缘由中，出现乙亥（1215）、戊寅（1218）等纪年推测，当不晚于南宋末。

② 《道藏》第12册，第186页中下。关于萧廷芝所署"庚申"为何年，由于萧氏生平不见记载，须据其师彭耜的生平及一些引录材料推断。第一，《海琼白真人语录》卷四《与彭鹤林书》，第三封信谓"某戊寅（1218）三月十五日寓江州太平兴国宫，作书附致鹤林真士贤弟"，又问候"尊府吏部寿体康乐，令阁蕊珠居士、令嗣承奉，各惟安庆"（《道藏》第33册，第137页下）。可见，彭耜此时有妻有子，当已步入中年。第二，同书卷二《鹤林法语》记云："嘉定壬午（1222）上元，祖师海琼君以度师鹤林君致书，自浙而闽，为度师鹤林君之父先吏部觉非先生行黄箓事。"（《道藏》第33册，第119页中）《鹤林法语》题为彭耜弟子林伯谦编集。可见，1222年彭父已逝，按正常情况，彭耜年龄也当不小，且已收有徒众。第三，俞琰《周易参同契发挥》已引萧氏《金丹大成集》，而《周易参同契发挥》俞琰自序于"至元甲申（1284）四月十四日"（《道藏》第20册，第194页中）。此条《道藏通考》已揭（见［法］施舟人、［法］傅飞岚主编：《道藏通考》，第839—840页），综合起来看，庚申当为1260年。

希夷先生易妙及心易……海蟾帝君受《易》，发明仙道，复南授张紫阳，张作《周易参同契》授石泰，之后三传至诸葛玉蟾，又二传至清庵李元素先生；北授重阳帝君王某，王乃以易妙、河图、洛书，分梨十化丹阳七真，后开金莲万朵，玉树千株，代不乏人，皆祖袭纯阳帝君之余荫也。”① 李道纯另一弟子柯道冲《玄教大公案序》的说法也与此相似。他说：“自周汉以来，惟尹子嗣祖位，金阙帝君继道统，授东华帝君，帝君传正阳钟离仙君，钟传纯阳吕仙君，吕传海蟾刘仙君，刘南传张紫阳五紫[祖]，北传王重阳七真，道统一脉，自此分而为二。”② 据《玄教大公案》编者王志道自序作于泰定甲子（1324），则柯序当与之相去不远。

以上三篇由南宗徒裔所写的文字，都将谱系从刘海蟾名下分开，而把张伯端和王重阳算作刘海蟾的南、北两弟子，其辈分是相同的，含二宗平等之意。如果合宗后能采用这个谱系，应当是比较好的选择。但问题在于，全真道所尊崇的“北五祖”已经获得统治者的认可，元廷于至元六年（1269）和至大三年（1310）两次对“北五祖”和“北七真”进行封赠。这就给准备合为一宗的全真道和南宗提出了难题。因为，第一，王重阳作为北宗之祖已列于五祖中，而上述南宗谱系中与之对应的张伯端

① 《道藏》第5册，第712页上。这段话有些地方与传统说法不一致，如言张伯端作《周易参同契》及将白玉蟾记为诸葛玉蟾，但从纯阳、海蟾而下至于南北宗的传承情况是清晰的。其中纯阳、海蟾、重阳皆称帝君，当作于武宗至大三年（1310）加封之后。

② 《道藏》第23册，第889页上。

并未列入；第二，按上述南宗谱系的说法，则五祖为传授关系[①]，那么，如果以南宗接续五祖，则张伯端直承王重阳，这无论如何是不可能的；第三，朝廷的封赠不可拂逆，因此不可能增删或更改五祖的人选，而且，如果在这个问题上纠缠不清，则有可能发生内部矛盾而受到朝廷干涉，最终两败俱伤。现在需要解决的是：如何在五祖中为南宗确定一个代表人物，以及如何处理王重阳与张伯端的关系，以因袭已经获得的政治上的庇护，又不致伤害二宗道士的感情。

第三节　陈致虚创立折中谱系

陈致虚在《金丹大要序》中说："华阳、玄甫、云房、洞宾授受以来，深山妙窟，代不乏人。……燕相海蟾授（"授"应为"受"——引者注）于纯阳，而得紫阳，以传杏林、紫贤、泥丸、紫清，接踵者多。我重阳翁受于纯阳，而得丹阳。全真教立，长春、长真、长生、玉阳、广宁、清静诸老仙辈，枝分派

① 非但南宗谱系作此说，北宗亦然。钟、吕、刘之间的传承不必多言，刘海蟾与王重阳也同样被认为有授受关系。比如，秦志安《金莲正宗记》就说在甘河边遗王重阳仙酎者即刘海蟾，其云："他日，（王重阳）又携酒一壶立于路次，有道人呼曰：'害风害风，将汝酒来。'先生应声与之，一饮而竭，却遣先生以空壶就甘河中取水，令自饮之，其味极佳，真仙酎也。道人告曰：'吾海蟾公也。'言讫，忽失所在。"（《道藏》第3册，第348—349页）而且，王喆《重阳全真集》卷九《了了歌》自云："汉正阳兮为的祖，唐纯阳兮做师父，燕国海蟾兮是叔主，终南重阳兮弟子聚。"（《道藏》第25册，第736页上）谭处端《水云集》卷中《酹江月》亦云："吾门三祖，是钟吕海蟾，相传玄奥。师父重阳传妙语，提挈同超三岛。"（《道藏》第25册，第852页下）显然都是以刘海蟾为王重阳前辈。

接，丹经妙诀，散满人间。”[①] 陈致虚从吕岩名下断为两支，一传刘海蟾，一传王重阳，再分别传南五祖与北七真。这是他的创造，但应该说还是依据了道教内部的一些说法。王喆门下即直言王喆师承吕洞宾，比如，马钰《洞玄金玉集》卷十《赴莱州黄箓大醮作》曰：“师祖钟离传吕，吕公得传授王公，王公了秘传马钰，真行助真功。”[②] 同卷《赞重阳真人出现》又云：“重阳师父遇师吕祖。”[③] 王处一《云光集》卷一《全真》诗曰：“我师弘道立全真，始遇纯阳得秘文。”[④] 同书卷四《丹阳升霞，作黄箓醮罢，忆师遂作》云：“的祖纯阳，随时显异，密传师父，仙宗重阳。”[⑤] 丘处机《磻溪集》卷三《世宗挽词》引言记云：大定戊申（1188）四月“己巳，奉圣旨塑纯阳、重阳、丹阳三师像于官庵，彩绘，供具靡不精备”[⑥]，应该也是把纯阳作为重阳之师。后人更直谓王喆从吕洞宾所得为《灵文五篇》，收入《道藏辑要》中。至于张伯端的师承，前文提到的南宗徒裔的说法皆指其承自刘海蟾，而且，早前陆思诚在《悟真篇记》中即直指张于成都所遇异人乃刘海蟾。他说：“复序其所从来（指张伯端《悟真篇序》——笔者注），得之成都异人者，岂非海蟾耶？”并证明说：“因取此书（指《悟真篇》——笔者注）读之……又考世之所传吕公《沁园春》及海蟾诗词，无一语不相契

① 《道书全集》第6页下。根据第一章的分析，陈致虚一系既非北宗，也不属于严格意义上的南宗，或许正是这种身份，使他更能不顾成说，而提出新的方案。
② 《道藏》第25册，第618页下。
③ 《道藏》第25册，第621页下。
④ 《道藏》第25册，第649页下。
⑤ 《道藏》第25册，第682页上。
⑥ 《道藏》第25册，第823页中。

者，是以知渊源所来，盖有自矣。”[①] 可见，陈致虚将王重阳系于吕岩名下，又将张伯端系于刘海蟾名下也是渊源有自的。

陈致虚创立的这一谱系，实际上是通过调整五祖内部刘海蟾与王重阳的关系，来解决前面提出的问题。它保留了刘海蟾传张伯端的旧说，把刘海蟾作为南宗的代表；虽然还是让王重阳成为张伯端的前辈，但却顺利地避开了王重阳直传张伯端的尴尬。应该说，在维持元廷“五祖”封赐之旨的前提下，这已经算是一种最好的解决方案。于是南北二宗都接受了这一安排，并把它作为二宗合并后全真道长期奉守的典则。至于五祖之下，陈致虚分设北七真和南七真，以代表原有两宗。北七真仍从旧说，南七真则将南五祖降格，再加上彭耜和萧廷芝二人[②]。于是在南北宗祀典中，南五祖降为七真，张伯端与丘处机并列，而且张在丘之下，这两个人的祀典各自代表本宗[③]。这种安排如实反映了当时北宗的贵盛和寻求政治依靠在宗教发展中的决定意义。

陈致虚在南、北二宗的合并进程中提出了一个为二宗道士普遍认可的传承谱系，在道教史上具有十分重要的意义。经过他的协调统一之后，南宗与全真道的合并就算是最终完成了。此后，原金丹派的南、北宗即变成了全真道的南、北宗。

---

① 《道藏》第2册，第969页上。陆思诚此记，《道藏通考》已据其署职“朝奉郎”推断作于1161年以后，参见［法］施舟人、［法］傅飞岚主编：《道藏通考》，第823页。

② 参见《金丹大要》卷八《仙派》，《道书全集》第98页下。

③ ［日］吉冈义丰：《白云观之道教》，转引自王沐：《悟真篇浅解（外三种）》，第372页。

结语：力构正统　绍隆双修

纵观陈致虚的生平著作与思想行为，不难发现有一条主线贯串其中，那就是：殚思竭虑地“建构”阴阳双修的正统性、论证阴阳双修的合理性，并不遗余力地推阐阴阳双修丹法。

蒙元入主中原，在耶律楚材、杨惟中、赵复、张德辉等儒者的规谏下，逐渐接受了儒家学说作为治理国家的思想工具①。到元世祖忽必烈当政之时，更是积极地“采取故老诸儒之言，考求前代之典，立朝廷而建官府”②。在思想文化领域，忽必烈“信用儒术”，“以夏变夷”③，大力推尊孔子，明令宣布“孔子之道，垂宪万世，有国家者所当崇奉”④，并加封孔子为大成至圣文宣王。又在许衡等人的影响下，致力于提倡理学，吴师道《道源文献录后题》云：“我朝许文正公得朱子之学以佐圣

---

① 参见卿希泰：《元代前期统治者崇道政策初探》，《宗教学研究》1999 年第 1 期。

② 《国朝文类》卷四十《经世大典序录·官制》，《四部丛刊初编》本。

③ 《元史》卷十七《世祖本纪》第 2 册，第 377 页。

④ 《山右石刻丛编》卷二十七《勉励学校诏》，《石刻史料新编》第 21 册，台湾新文丰出版公司，1982 年，第 15583 页。

祖……而程朱氏之书遂衣被四海，道之大明未有若今日者。”[①]欧阳玄《许文正公神道碑》也说，在许衡的推动下，“致海内之士非程朱之书不读”[②]。至仁宗朝开科取士，“以程朱氏为宗”[③]，“非程朱学不试于有司”[④]。苏天爵记云：“迨仁宗临御，肇兴贡举，网络俊彦，其程式之法，表章六经，至于《论语》《大学》《中庸》《孟子》，专以周程朱子之说为主，定为国是，而曲学异说悉罢黜之。”[⑤] 于是，程朱理学正式成为居统治地位的官学，并被视作“元之所借以立国者”[⑥]。有元一代，还在全国各地普遍建立学校，以推传理学[⑦]。安熙云：“国家稽古崇儒，建立学宫，周遍海内。”[⑧] 鲁贞亦曰：“迨及我朝，上自京师，下至州县，莫不有学……而又表章程朱之学以为教于天下。”[⑨] 由于国家的崇奉与教育，遂使得“海内家蓄朱子之书，人习圣贤之

① 吴师道：《礼部集》卷十八，影印文渊阁《四库全书》第1212册，第254页。

② 欧阳玄：《圭斋文集》卷九，影印文渊阁《四库全书》第1210册，第75页。

③ 程端礼：《畏斋集》卷四《四明鹿鸣宴序》，影印文渊阁《四库全书》第1199册，第678页。

④ 欧阳玄：《圭斋文集》卷五《赵忠简公祠堂记》，影印文渊阁《四库全书》第1210册，第37页。

⑤ 苏天爵：《滋溪文稿》卷五《伊洛渊源录序》，影印文渊阁《四库全书》第1214册，第64页。

⑥ 《宋元学案》卷九十一《静修学案》，中华书局，1986年，第4册，第3021页。

⑦ 关于元代庙学的情况，请参见胡务：《元代庙学——无法割舍的儒学教育链》，巴蜀书社，2005年。关于元代书院的情况，可参考王颋：《元代书院考略》，《中国史研究》1984年第1期。另外，郭武先生对元代江西一地的书院有比较详细的介绍，参见氏著《〈净明忠孝全书〉研究——以宋、元社会为背景的考察》第二章第二节之“书院之发达与理学之影响”。

⑧ 安熙：《默庵集》卷三《石州庙学记》，影印文渊阁《四库全书》第1199册，第721页。

⑨ 鲁贞：《桐山老农集》卷一《江山修学复田记》，影印文渊阁《四库全书》第1219册，第125页。

学”①，“程朱之学行天下，薄海内外，遐陬僻壤，犹有学其学者”②。

在理学居于思想领域的统治地位的情势下，释、道二家都受到排挤。车兰谷《仙佛同源序》云：“释老之学，儒则指为异端。”③《道书援神契序》云：“世之议老子教者，皆曰异端，其初本于儒而末之流自异也。”④ 更何况，阴阳双修丹法与以理学为基础的世俗伦理存在着“与生俱来”的矛盾，必然会受到更加猛烈的抨击与贬斥。这种情况在《历世真仙体道通鉴》卷三十六《宋玄白》中有所体现。宋玄白事迹，前文已有提及，赵道一乃于“玄白到处，住则以金帛求置二三美妾，行则舍之，人皆以为得补脑还元之术”一句下出注云：“三峰御女之术，非真仙所学，况宋玄白证飞升之品者乎！惟置妾一事，益启人之疑惑，然决非御女之术明矣。必玄白之意，欲示和光混俗，故使人之不测其为仙。”⑤ 其必于置妾事出一长注，详加辩白，讳莫如深，可以窥见双修丹法的处境。陈致虚本人的遭遇也颇能说明问题，其云：“仆之来游豫章，欲求正心诚意之人，语以修身久视之道，一念才举，谤谑纷然。”⑥ 而这种社会背景，也应该是造

① 苏天爵：《滋溪文稿》卷三十《题晦庵先生行状后》，影印文渊阁《四库全书》第1214册，第355页。

② 胡炳文：《云峰集》卷二《乡贤祠记》，影印文渊阁《四库全书》第1199册，第750页。

③ 《道书全集》第461页上。

④ 《道藏》第32册，第143页下。此序作于“大德九年（1305）”，能够反映元代的情况。

⑤ 《道藏》第5册，第310页中。《仙鉴》刘辰翁、邓光荐序并作于1294年，故成书当距此时不远。

⑥ 《道书全集》第71页上。

成陈氏一系在史志中集体“缺席”[①] 的重要原因。另外，陈致虚选择先到少数民族地区传教，或许也与此有关。

正是在这种背景下，陈致虚的思想和行为都在有意无意地为双修丹道的正统性和合理性辩护，主要表现在五个方面。第一，他“建构”马钰的双修形象，假托宋德方为祖师，“建构”马、宋的传承关系，并提出了一个南北合宗的谱系，以此“建构”了阴阳双修在内丹道派内部的正统地位。第二，他选择注释的经典包括《道德经》《金刚经》《度人经》《悟真篇》《参同契》，经典本身的正统性保证了他从中阐发的双修丹道的正统性。而且，这些经典都具有极大的社会影响与教内影响，因此，这种阐发对于阴阳双修的传播来讲也是很有利的。第三，他对丹道理论基础的论述，说明阴阳之道是道本体的表现形式，天地万物无不遵循这个亘古不变的真理，而阴阳在人间即表现为男女，所以，阴阳双修就从道本体那里获得了最终的合理性。第四，他对双修丹道伦理要求的说明，表明修炼者必须遵守世俗伦理，并将德行作为修仙的重要环节。又对使用异性伴侣提出自己的辩护，其目的也在于同世俗伦理和解，保证双修的合理性。第五，他的“三教一家”论把阴阳双修说成是三教一贯的唯一正宗，三教圣人都借此而成就，那么，阴阳双修肯定是正统的、合理的。

陈致虚不仅系统地论证了阴阳双修的正统性与合理性，如第

---

① 这里的“缺席”指的是，他们作为修炼双修丹法的内丹家是湮没无闻的。从笔者撰写第一章的过程来看，虽然费尽九牛二虎之力，但搜罗到的材料仍然显得如此有限，以至于每个人的形象都还是干瘪而晦暗的，大部分人的生平依然局限于陈氏的记载，一点也不能增加。而且，即使是少数几个材料稍微丰富些的，在其他地方都不是作为双修丹家而被提及，甚至都没有提到他们懂得内丹术，比如，赵友钦以其物理学成就，车兰谷以其修复九宫山的功绩，张士弘以其宦迹与刊书，等等。

一章所言，他还不顾谤毁地努力传播双修丹道。其云："或遭诟骂，姑自隐忍，偶获一人两人之知，即来千人万人之谤，但欲行道，不顾是非，遇诸讪则喜而受之，是法器则勉而进之。"① 他的思想与著述对后世内丹家产生了很大的影响。陆西星对他的服膺在第一章末已经提到。题为尹真人高弟撰的《性命圭旨》，其《大道说》多袭自陈氏《道可道章解》②，又于正文和图像中引用陈氏达20余处。陶素耜云："注《参同》者，始于彭晓、朱晦翁，而集成于俞琰，皆互有短长，惟陈致虚、陆西星、李文烛为最。《悟真》则翁、陆、陈三注外，亦互有瑕瑜，惟陆西星为醇耳。"③ 又云："上阳《金丹大要》一书，阐金丹之道尤畅，足以羽翼《悟真》。"④ 刘一明云："乾隆壬寅岁（1782），偶得无名氏翁真人注、上阳子陈真人注，其经、注各分一类，节序前后相贯，经自经，注自注，补塞自补塞，文自文，序自序，米盐分判，皂白显然，千百年真经之冤屈，至此方伸。二注，陈较于翁尤为整齐，因取陈本为据。"⑤ 傅金铨《顶批上阳子原注参同契》于《爻变功用章》批云："魏公借《易》以明丹道，此为《周易》真解。儒者注释百家，掠空谈理，毫无实证。大《易》性情，千古无人发出，天生上阳子，乃露其端。圣人非圣人不知，神机非神人不解也。"⑥ 将陈氏推为"圣人""神人"。他还

① 《道书全集》第61页上。

② 《大道说》见《藏外道书》第9册，第509—512页；《道可道章解》见《道书全集》第13—15页。

③ 《参同悟真注自序》，《藏外道书》第10册，第2页上。

④ 《悟真篇约注·杂义》，《藏外道书》第10册，第72页上。

⑤ 《参同契直指序》，《藏外道书》第8册，第262页下。此无名氏翁真人当指翁葆光，但史籍并未记载翁氏曾注《参同契》。

⑥ 《藏外道书》第11册，第772页下。

称赞陈致虚是“神仙中之铮铮者”①。

从现存资料来看，在陈致虚之前，明显是讲授阴阳双修丹法的不过薛道光、翁葆光、陆子野数家。而且，他们对丹法的讲授都比较隐晦，并未对双修丹道作出辩护，也没有资料表明他们曾大力地推传阴阳丹法，在他们那里，阴阳双修依然处于一种隐秘流传的状态。所以说，陈致虚应该是第一个自觉地对双修丹道的正统性、合理性进行系统论证的人，而且其传播双修丹道的力度也是罕见的。在这个意义上，我们可以说，正是陈致虚奠定了阴阳双修的地位，为阴阳双修的发展打下了基础。

① 《顶批三注悟真篇》，《藏外道书》第11册，第795页下。

参考文献

《四部丛刊》，上海商务印书馆 1936 年版。

《天一阁藏明代方志选刊》，上海古籍书店 1962 年版。

《续文献通考》，台北新兴书局 1965 年版。

《晋书》，中华书局 1974 年版。

《元史》，中华书局 1976 年版。

《宋史》，中华书局 1977 年版。

影印文渊阁《四库全书》，台湾商务印书馆 1983 年版。

《古今图书集成》，中华书局、巴蜀书社 1985 年版。

《道藏》，文物出版社、上海书店、天津古籍出版社 1988 年版。

《道书全集》，中国书店 1990 年版。

《藏外道书》，巴蜀书社 1994 年版。

《四库全书存目丛书》，齐鲁书社 1997 年版。

陈垣：《南宋初河北新道教考》，中华书局 1962 年版。

陈国符：《道藏源流考》，中华书局 1963 年版。

隋树森编：《全元散曲》，中华书局 1964 年版。

万国鼎编，万斯年、陈梦家补订：《中国历史纪年表》，中华书局 1978

年版。

屠寄:《蒙兀儿史记》,台湾鼎文书局1983年版。

傅勤家:《中国道教史》,上海书店1984年影印本。

蒙文通:《古学甄微》,巴蜀书社1987年版。

王家祐:《道教论稿》,巴蜀书社1987年版。

王圻、王思义编纂:《三才图会》,上海古籍出版社1988年版。

李远国:《道教气功养生学》,四川省社会科学院出版社1988年版。

陈垣编纂:《道家金石略》,文物出版社1988年版。

李养正:《道教概说》,中华书局1989年版。

陈兵:《道教气功百问》,今日中国出版社1989年版。

詹石窗:《南宋金元的道教》,上海古籍出版社1989年版。

陈撄宁:《道教与养生》,华文出版社1989年版。

任继愈主编:《中国道教史》,上海人民出版社1990年版。

卿希泰主编:《道教与中国传统文化》,福建人民出版社1990年版。

王沐:《悟真篇浅解(外三种)》,中华书局1990年版。

王沐:《内丹养生功法指要》,东方出版社1990年版。

徐兆仁主编:《东方修道文库·悟道真机》,中国人民大学出版社1990年版。

刘荫柏编:《西游记研究资料》,上海古籍出版社1990年版。

陈柏泉编著:《江西出土墓志选编》,江西教育出版社1991年版。

柳存仁:《和风堂文集》,上海古籍出版社1991年版。

洪建林编:《仙学解秘——道家养生秘库》,大连出版社1991年版。

[德]卫礼贤、[瑞士]荣格著,通山译:《金华养生秘旨与分析心理学》,东方出版社1993年版。

张广保:《金元全真道内丹心性学》,三联书店1993年版。

卢国龙:《中国重玄学》,人民中国出版社1993年版。

郝勤:《龙虎丹道——道教内丹术》,四川人民出版社1994年版。

李刚：《劝善成仙——道教生命伦理》，四川人民出版社 1994 年版。

卿希泰主编：《中国道教》（四卷本），上海知识出版社 1994 年版。

陈兵：《道教之道》，今日中国出版社 1995 年版。

胡孚琛主编：《中华道教大辞典》，中国社会科学出版社 1995 年版。

阳明：《陆西星与他的〈方壶外史〉》，四川大学出版社 1995 年版。

李刚：《汉代道教哲学》，巴蜀书社 1995 年版。

姜生：《汉魏两晋南北朝道教伦理论稿》，四川大学出版社 1995 年版。

卿希泰主编：《中国道教史》（四卷本），四川人民出版社 1996 年修订版。

刘咸炘：《推十书》，成都古籍书店 1996 年影印本。

朱越利：《道藏分类解题》，华夏出版社 1996 年版。

丁培仁：《道教典籍百问》，今日中国出版社 1996 年版。

姜生：《宗教与人类自我控制——中国道教伦理研究》，巴蜀书社 1996 年版。

陈鼓应主编：《道家文化研究》第十一辑，三联书店 1997 年版。

唐圭璋编纂，王仲闻参订，孔凡礼补辑：《全宋词》，中华书局 1997 年版。

《法国汉学》第二辑，清华大学出版社 1997 年版。

郭子章：《黔记》，《北京图书馆古籍珍本丛刊》第 43 册，书目文献出版社 1998 年版。

刘兆鹤、王西平编著：《重阳宫道教碑石》，三秦出版社 1998 年版。

金毓黻辑：《金毓黻手定本文溯阁四库全书提要》，中华全国图书馆文献微缩复制中心 1999 年版。

詹石窗主编：《道韵》第五辑《金丹派南宗（甲）》，台湾中华大道出版部 1999 年版。

胡孚琛、吕锡琛：《道学通论——道家、道教、仙学》，社会科学文献出版社 1999 年版。

张泽洪:《道教斋醮符咒仪式》,巴蜀书社 1999 年版。

傅燮鼎:《九宫山志》,《中国道观志丛刊》,江苏古籍出版社 2000 年版。

唐大潮:《明清之际道教"三教合一"思想论》,宗教文化出版社 2000 年版。

陈垣:《元西域人华化考》,上海古籍出版社 2000 年版。

田敏:《土家族土司兴亡史》,民族出版社 2000 年版。

詹石窗主编:《道韵》第六辑《金丹派南宗(乙)》,台湾中华大道出版部 2000 年版。

张广保:《唐宋内丹道教》,上海文化出版社 2001 年版。

杨国荣:《道德与存在——道德哲学研究》,上海人民出版社 2002 年版。

《法国汉学》第七辑《宗教史专号》,中华书局 2002 年版。

杨立华:《匿名的拼接——内丹观念下道教长生技术的开展》,北京大学出版社 2002 年版。

[法]索安著,吕鹏志、陈平等译:《西方道教研究编年史》,中华书局 2002 年版。

郭声波整理:《大元混一方舆胜览》,四川大学出版社 2003 年版。

丁传靖辑:《宋人轶事汇编》,中华书局 2003 年版。

陈耀庭:《道教礼仪》,宗教文化出版社 2003 年版。

杨志玖:《元代回族史稿》,南开大学出版社 2003 年版。

潘雨廷:《道藏书目提要》,上海古籍出版社 2003 年版。

牟钟鉴、张践:《中国宗教通史》(修订本),社会科学文献出版社 2003 年版。

葛兆光:《屈服史及其他:六朝隋唐道教的思想史研究》,三联书店 2003 年版。

陈垣:《史讳举例》,中华书局 2004 年版。

[法] 施舟人、[法] 傅飞岚主编：《道藏通考》，芝加哥大学出版社 2004 年版。

曾传辉：《元代参同学——以俞琰、陈致虚为例》，宗教文化出版社 2004 年版。

[美] 贾志扬著，赵冬梅译：《天潢贵胄——宋代宗室史》，江苏人民出版社 2005 年版。

沈从文编著：《中国古代服饰研究》，上海书店出版社 2005 年版。

章伟文：《宋元道教易学初探》，巴蜀书社 2005 年版。

任继愈主编：《道藏提要》，中国社会科学出版社 2005 年版。

盖建民：《道教科学思想发凡》，社会科学文献出版社 2005 年版。

林富士主编：《台湾学者中国史研究论丛 · 礼俗与宗教》，中国大百科全书出版社 2005 年版。

丁耘、陈新主编：《思想史研究》（第一辑），广西师范大学出版社 2005 年版。

胡务：《元代庙学——无法割舍的儒学教育链》，巴蜀书社 2005 年版。

郭武：《〈净明忠孝全书〉研究——以宋、元社会为背景的考察》，中国社会科学出版社 2005 年版。

葛兆光：《思想史研究课堂讲录》，三联书店 2005 年版。

蒙思明：《元代社会阶级制度》，上海人民出版社 2006 年版。

王家祐：《王家祐道教论稿》，成都民族宗教文化丛书编委会 2006 年版。

黄志繁：《"贼""民"之间：12—18 世纪赣南地域社会》，三联书店 2006 年版。

[美] 费侠莉著，甄橙等译：《繁盛之阴——中国医学史中的性（960—1665）》，江苏人民出版社 2006 年版。

龚隽：《禅史钩沉——以问题为中心的思想史论述》，三联书店 2006 年版。

赵世瑜:《小历史与大历史:区域社会史的理念、方法与实践》,三联书店2006年版。

李建民:《发现古脉——中国古典医学与数术身体观》,社会科学文献出版社2007年版。

参考论文

山西省文物管理委员会、山西省考古研究所:《山西芮城永乐宫旧址宋德方、潘德冲和“吕祖”墓发掘简报》,《考古》1960年第8期。

徐苹芳:《关于宋德方和潘德冲墓的几个问题》,《考古》1960年第8期。

陈定荣:《李纲书丹的宋张由墓志铭》,《文物》1986年第1期。

郝时远:《元代监察制度概述》,《元史论丛》第三辑,中华书局1986年版。

郝勤:《道教内丹与中国文化》,《宗教学研究》1988年第2、3期。

杨志玖:《元史曲枢传补正》,《宁夏社会科学》1989年第1期。

陈定荣:《德兴张氏世家的两方碑碣》,《江西文物》1991年第1期。

徐朔方:《评〈全真教和小说西游记〉》,《文学遗产》1993年第6期。

杨志玖:《阿儿思兰汗家族事迹杂考》,《元史论丛》第五辑,中国社会科学出版社1993年版。

胡孚琛:《〈周易参同契〉秘传仙术的来龙去脉》,《世界宗教研究》1994年第2期。

吴英藩、魏业民:《历朝茶制考析》,《蚕桑茶叶通讯》1994年第2期。

高树林:《元朝茶户酒醋户研究》,《河北学刊》1996年第1期。

李刚:《论道教生命哲学》,《道家文化研究》第九辑,上海古籍出版社1996年版。

吕维新:《元明时期茶业经济史略(续)》,《中国茶叶加工》1997年第1期。

胡孚琛：《道教内丹学揭秘》，《世界宗教研究》1997 年第 4 期。

[日] 加藤千惠：《〈老子中经〉与内丹思想的起源》，《宗教学研究》1997 年第 4 期。

吕维新：《元代茶税法规》，《茶叶》1997 年第 4 期。

王金玉：《元代地方志中的架阁库》，《档案管理》1998 年第 2 期。

李养正：《道教的生命观》，《中国道教》1999 年第 4 期。

卿希泰：《元代前期统治者崇道政策初探》，《宗教学研究》1999 年第 1 期。

孙以刚：《宋龙图张根行状碑略考》，《南方文物》1999 年第 2 期。

杨立华：《〈悟真篇〉薛注考》，《世界宗教研究》2000 年第 2 期。

杨富学：《元代哈剌鲁人伯颜宗道新史料》，《新疆大学学报》（社会科学版）2001 年第 3 期。

杨莉：《"女冠"刍议：一种宗教、性别与象征的解读》，《汉学研究》2001 年第 1 期。

李文以：《元代监察机关架阁库述略》，《档案学研究》2002 年第 1 期。

王家祐：《"生殖崇拜"文化叙略》，《成都文物》2002 年第 4 期。

刘嗣传：《九宫山与道教御制派》，《中国道教》2002 年第 4 期。

所桂萍：《古代江西的档案机构》，《江西社会科学》2002 年第 8 期。

马娟：《元代哈剌鲁人老的沙述略》，《回族研究》2005 年第 2 期。

朱越利：《惠能与禅丹——以〈上阳子金丹大要〉为据》，《西南民族大学学报》（人文社会科学版）2005 年第 12 期。

后 记

满桌的资料渐渐取空了，这篇论文慢慢成形了。我的脑子也好像被掏空了一样，但我却轻松不起来。因为，那些凝重的情谊在这“空”中无遮拦地向我展示着，正是它们让这“空”成为可能。我不得不细细地品味它们。

感谢我的父母。三十年来，他们一直默默地关爱着我，为我提供物质上的、精神上的强大支持；而他们所求的，或许只是儿子的一个微笑、一声问候。可怜天下父母心！

感谢我的博士导师李刚教授。李先生仁厚宽和、豁达大度，一再地容忍我拖延学业，并对我中途改易论文题目表示理解与支持。先生知博识精、诲人不倦，在行政事务的劳繁中犹能潜心学术，成果迭出，为学生树立了学习的典范。若能学得先生之万一，吾愿足矣！

感谢我的硕士导师唐大潮博士。唐先生知识渊博、治学严谨、教授有方，我到宗教所以来所取得的进步，都离不开她的鞭策。先生德为物范、爱生如子，使我离家在外仍能母爱萦怀。得其为师，实乃三生之幸！

还要感谢陈兵、张泽洪、丁培仁、潘显一、苟波、张钦诸位先生，他们的授业使我获益匪浅。张师姐晓粉博士、谢道兄正强博士也为本文的写作提出了一些很好的建议和意见，在此一并致谢！

最后，但并非不重要，还应该感谢宗教所办公室和资料室的杨光文先生、李平女士、杨秀英女士和许吟雪女士。应该说，每位师兄弟从进校到毕业都和他们的工作分不开。谨致谢忱。

周　冶

于川大东风楼六幢

《儒道释博士论文丛书》已出书目

第一批(1999 **年**)

道教斋醮科仪研究　　张泽洪著

道教炼养心理学引论　　张　钦著

道教劝善书研究　　陈　霞著

道教与神魔小说　　苟　波著

净明道研究　　黄小石著

第二批(2000 **年**)

神圣礼乐
——正统道教科仪音乐研究　　蒲亨强著

魏晋玄学人格美研究　　高华平著

明清全真教论稿　　王志忠著

佛教与儒教的冲突与融合　　彭自强著

经验主义的孔子道德思想及其历史演变　　邓思平著

第三批(2001 **年**)

宋元老学研究　　刘固盛著

道教内丹学探微　　戈国龙著

汉魏六朝道教教育思想研究　　汤伟侠著

般若与老庄　　蔡　宏著

刘一明修道思想研究　　刘　宁著

晚明自我观研究　　傅小凡著

第四批(2002 **年**)

近现代以佛摄儒研究　　李远杰著

礼宜乐和的文化思想　　金尚礼著

生死超越与人间关怀
——神仙信仰在道教与民间的互动　　李小光著

近现代居士佛学研究　　刘成有著

生命的层级
——冯友兰人生境界说研究　　刘东超著

第五批(2003 **年**)

中国佛教僧团发展及其研究　　王永会著

实相本体与涅槃境界　　余日昌著

斋醮科仪　天师神韵　　傅利民著

荷泽宗研究　　聂　清著

精神分析与佛学的比较研究　　尹　立著

太虚对中国佛教现代化道路的抉择　　罗同兵著

终极信仰与多元价值的融通　　姚才刚著

第六批(2004 年)

西学东渐与明清实学　　李志军著

上清派修道思想研究　　张崇富著

北宋《老子》注研究　　尹志华著

相国寺

——在唐宋帝国的神圣与凡俗之间　　段玉明著

熊十力本体论哲学研究　　郭美华著

关于知识的本体论研究

——本质　结构　形态　　昌家立著

明代王学研究　　鲍世斌著

中国技术思想研究

——古代机械设计与方法　　刘克明著

朱熹与《参同契》文本　　钦伟刚著

中国律宗思想研究　　王建光著

第七批(2005 年)

元代庙学

——无法割舍的儒学教育链　　胡　务著

牟宗三“道德的形而上学”研究　　闵仕君著

隋唐五代道教美学思想研究　　李　裴著

宋元道教易学初探　　章伟文著

杜光庭《道德真经广圣义》的道教哲学研究　　金兑勇著

天台判教论　　韩焕忠著

杜光庭道教小说研究　　罗争鸣著

魏源思想探析　　李素平著

泰州学派新论　　季芳桐著

《文子》成书及其思想　　葛刚岩著

傅金铨内丹思想研究　　谢正强著

第八批(2006 年)

汉末魏晋南北朝道教戒律规范研究　　伍成泉著

两性关系本乎阴阳

——先秦儒家、道家经典中的性别意识研究　　贺璋瑢著

陈撄宁与道教文化的现代转型　　刘延刚著

扬雄《法言》思想研究　　郭君铭著

《周易禅解》研究　　谢金良著

明清道教与戏剧研究　　李　艳著

王弼易学解经体例探源　　尹锡珉著

唐代道教管理制度研究　　林西朗著

四念处研究　　哈　磊著

天人之际的理学新诠释

——王夫之《读四书大全说》思想研究　　周　兵著

第九批(2007 年)

晚明狂禅思潮与文学思想研究　　赵　伟著

先秦儒家孝道研究　　王长坤著

致良知论

——王阳明去恶思想研究　　胡永中著

伍守阳内丹思想研究　丁常春著
贝叶上的傣族文明
——云南德宏南传上座部佛教社会考察研究　吴之清著
朱子论"曾点气象"研究　田智忠著
二十世纪中国道教学术的新开展　傅凤英著
道教与基督教生态思想比较研究　毛丽娅著
汉晋文学中的《庄子》接受　杨　柳著
马祖道一禅法思想研究　邱　环著
道教自然观研究　赵　芃著

第十批(2008年)

王船山礼学思想研究　陈力祥著
王船山美学基础
——以身体观和诠释学为进路的考察　韩振华著
马来西亚华人佛教信仰研究　白玉国著
《管子》哲学思想研究　张连伟著
东晋佛教思想与文学研究　释慧莲著
北宋禅宗思想及其渊源　土屋太祐著
早期道教教职研究　丁　强著
隋唐五代道教诗歌的审美管窥　田晓膺著
道教与明清文人画研究　张明学著
道教戒律研究　唐　怡著

第十一批(2009年)

驯服自我
——王常月修道思想研究　朱展炎著
道经图像研究　许宜兰著
阳明学与佛道关系研究　刘　聪著
清代净土宗著述研究　于海波著
宗教律法与社会秩序
——以道教戒律为例的研究　刘绍云著
老子及其遗著研究
——关于战国楚简《老子》、《太一生水》、《恒先》的考察　谭宝刚著
汉唐道教修炼方式与道教女性观之变化研究　岳齐琼著
宋元三教融合与道教发展研究　杨　军著
都市佛寺的社会交换研究　肖尧中著
早期天台学对唯识古学的吸收与抉择　刘朝霞著

第十二批(2010年)

道教社会伦理思想之研究　何立芳著
印度佛教净土思想研究　汪志强著
社会转型下的宗教与健康关系研究　冯小林著

教化与工夫
——工夫论视域中的阳明心学系统　陈多旭著
心性灵明之阶
——早期全真道情欲论思想研究　刘　恒著
中古道书语言研究　冯利华著
近现代禅净合流研究　许　颖著
永明延寿心学研究　田青青著
中国传统社会宗教的世俗化研究
——以金元时期全真教社会思想与传播为个案　夏当英著
成玄英《庄子疏》研究　崔珍皙著

第十三批(2011年)

道医陶弘景研究　刘永霞著
汉代内学
——纬书思想通论　任蜜林著
一心与圆教
——永明延寿思想研究　杨文斌著
三教关系视野中的陈景元思想研究　隋思喜著
蒙文通道学思想研究　罗映光著
敦煌本《太玄真一本际经》思想研究　黄崑威著
总持之智
——太虚大师研究　丁小平著
明清民间宗教思想研究
——以神灵观为中心　刘雄峰著
东晋宋齐梁陈比丘尼研究　唐　嘉著
《贞观政要》治道研究　杨　琪著

第十四批(2012年)

老子八十一化图研究　胡春涛著
马一浮思想研究　李国红著
《老子》思想溯源　刘鹤丹著
“仙佛合宗”修道思想研究　卢笑迎著
方东美论道家思想　施保国著
湛甘泉哲学思想研究　王文娟著
仪式的建构与表达
——滇南建水祭孔仪式的文化与记忆　曾　黎著
智旭佛学易哲学研究　张韶宇著
悟道·修道·弘道
——丘处机道论及其历史地位　赵玉玲著
隋唐道教与习俗　周　波著

第十五批(2013年)

庄子哲学的后现代解读　郭继明著
法藏圆融之“理”研究　孙业成著
汉传佛教寺院经济演变研究　于　飞著
魏晋南北朝社会生活与道教文化　刘　志著

中古道官制度研究　刘康乐著

金元道教信仰与图像表现——以永乐宫壁画为中心　刘　科著

元代道教戏剧研究　廖　敏著

明代灵济道派研究　王福梅著

中国宗教的慈善参与新发展及机制研究　明世法著

两晋南北朝时期河陇佛教地理研究　杨发鹏著

第十六批(2014年)

道教气论学说研究　路永照著

历史中的镜像——论晚明僧人视域中的《庄子》　周黄琴著

从玄解到证悟——论中土佛理诗之发展演变　张君梅著

回归诚明——李翱《复性书》研究　韩丽华著

图像与信仰——中古中国维摩诘变相研究　肖建军著

中国道教经籍在十九世纪英语世界的译介研究　俞森林著

四川道教宫观建筑艺术研究　李星丽著

道与艺——《庄子》的哲学、美学思想与文学艺术　胡晓薇著

李光地易学思想研究　冯静武著

显隐哲学视域中的文艺审美　杨继勇著

第十七批(2015年)

赞宁《宋高僧传》研究　杨志飞著

自我与圣域——现代性视野中的唐君毅哲学　胡　岩著

明代道教文化与社会生活　寇凤凯著

道教医世思想溯源　杨　洋著

近代以来中国佛教慈善事业研究　李湖江著

现代性和中国佛耶关系(1911—1949)　周晓微著

西域佛教演变研究　彭无情著

藏族古典寓言小说研究　觉乃·云才让著

藏传佛教判教研究　何杰峰著

藏彝走廊北部地区藏传佛教寺院研究　李顺庆著

第十八批(2016年)

重庆华岩寺佛教仪式音乐与传承　陈　芳著

明末清初临济宗圆悟、法藏纷争始末考论　吕真观著

《文子》思想研究　姜李勤著

汉末至五代道教书法美学研究　沈　路著

佛教传统的价值重估与重建

——太虚与印顺判教思想研究　邓莉雅著

边缘与归属：道教认同的文化史考察　郭硕知著

道教时日禁忌探源　廖　宇著

清代清修内丹思想比较研究——以柳华阳、闵一得、黄元吉为对象　张　涛著

闵一得研究　陈　云著

第十九批(2017年)

中医运气学说与道教关系研究　金　权著

《道枢》研究　张　阳著

全真教制初探　高丽杨著

道教师道思想研究　孙瑞雪著

生命哲学视域下的道教服食研究　徐　刚著

"真心观"与宋元明文艺思想研究　曹　磊著

礼法与天理：朱熹《家礼》思想研究　彭卫民著

儒佛融摄视野下的马一浮、熊十力思想比较研究　王　毓著

道教与书法关系研究　阳志辉著

近代城市宫观与地方社会——以杭州玉皇山福星观为中心　郭　峰著

第二十批(2018年)

法相唯识学认知思想研究　石文山著

禅观影像论　史　文著

早期道教经韵授度体系研究　陈文安著

明清禅宗"牧牛诗组"之研究　林孟蓉著

道教内外丹关系研究　盖　菲著

汉传佛教的爱欲观　张海滨著

先秦道家人性论研究　周　耿著

王弼易学研究——以体用论为中心　张二平著

究天人之际——从《尚书》上探儒家本色　黄靖雅著

上阳子陈致虚生平及思想研究　周　冶著

图书在版编目（CIP）数据

上阳子陈致虚生平及思想研究/周冶著．—成都：巴蜀书社，2019.5

（儒道释博士论文丛书）

ISBN 978-7-5531-1143-8

Ⅰ.①上… Ⅱ.①周… Ⅲ.①陈致虚（1290—？）—生平事迹②陈致虚（1290—？）—思想评论 Ⅳ.①B959.92

中国版本图书馆CIP数据核字（2019）第078330号

上阳子陈致虚生平及思想研究
SHANGYANGZI CHENZHIXU SHENGPING JI SIXIANG YANJIU

周冶 著

责任编辑 王　雷
出　　版 巴蜀书社
成都市槐树街2号　邮编 610031
总编室电话：（028）86259397
网　　址 www.bsbook.com
发　　行 巴蜀书社
发行科电话：（028）86259422　86259423
经　　销 新华书店
印　　刷 成都春晓印务有限公司
电话：（028）88450462
版　　次 2019年7月第1版
印　　次 2019年7月第1次印刷
成品尺寸 203mm×140mm
印　　张 7
字　　数 200千字
书　　号 ISBN 978-7-5531-1143-8
定　　价 35.00元